Gina Wolters / Birgit Stobbe

Bestimmungsbuch
Pilze

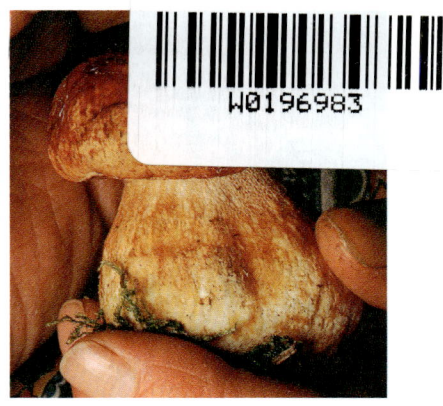

W0196983

LUDWIG

Inhalt

blätterpilz • Fliegenpilz • Perlpilz • Pantherpilz
Parasolpilz • Safranschirmling • Hallimasch
Sparriger Schüppling • Maipilz • Ziegelroter
Risspilz • Grünling • Schwefelritterling • Nebel-
kappe • Riesenrötling • Violetter Rötelritterling
Horngrauer Rübling • Grüner Anistrichterling
Weißer Trichterling • Austernseitling • Gefleckt-
blättriger Flämmling • Stockschwämmchen
Gifthäubling • Graublättriger Schwefelkopf
Grünblättriger Schwefelkopf • Schafchampignon
Karbolegerling • Wiesenchampignon • Spitz-
schuppiger Schirmling • Schopftintling • Falten-
tintling • Stinkmorchel • Tintenfischpilz
Flaschenstäubling • Birnenstäubling • Riesenbovist • Dickschaliger Kartoffelbovist • Zunder-
schwamm • Schmetterlingstramete • Speise-
morchel • Frühjahrslorchel • Krause Glucke
Blasse Koralle • Judasohr • Herbsttrompete

Pilze sammeln – gewusst wie

Sammeln mit Köpfchen

Pilze sammeln heißt nicht zuletzt, die Natur zu respektieren, ihre Gesetze anzuerkennen, sorgsam mit ihren Gaben umzugehen und keinen Raubbau mit ihr zu treiben. Wenn Sie die folgenden goldenen Regeln beachten, dürfte das Pilzesammeln schon bald – wenn es nicht ohnehin schon zu Ihren regelmäßigen Freizeitbeschäftigungen gehört – eine lieb gewordene Gewohnheit für Sie sein.

▶ **Gezielt** Sammeln Sie wirklich nur die Pilze, die Sie tatsächlich verwerten können oder haltbar machen möchten, alle anderen sollten Sie im Wald lassen. Sehr junge oder ganz alte sowie vermadete, verwässerte, vertrocknete oder angeschimmelte Exemplare bleiben stehen; ebenso Arten, die unter Schutz oder im Schutzgebiet stehen, sehr selten vorkommen oder in der Küche sehr unergiebig sind.

Verantwortlich Zerstören Sie giftige und ungenießbare Pilze nicht. Beachten Sie immer die Naturschutzbestimmungen. Hilfreich ist beispielsweise die immer wieder aktualisierte »Rote Liste der gefährdeten Großpilze in Deutschland«.

Nur Pilze sammeln, die man kennt

Pilze, die Sie zweifelsfrei kennen und verwenden möchten, drehen Sie nicht zum Ganzen heraus, um das darunter liegende Myzelgeflecht (das Myzel ist der eigentliche Pilz) zu schonen. Schneiden Sie sie ganz dicht über dem Waldboden ab.

Alle Pilze sind zu Hause noch einmal zu bestimmen. Treten dabei auch nur geringste Zweifel auf, dürfen Sie die Pilze nicht verwenden.

Unbekannte Pilze Erkennen Sie einen Pilz nicht ganz genau, möchten ihn aber vom Fachmann bestimmen lassen, so ist es unbedingt nötig, ihn vorsichtig herauszudrehen. Das Loch, das dabei entsteht, sollten Sie sorgfältig schließen. Schneidet man unbekannte Pilze über dem Erdboden ab, kann es passieren, dass einem bei der Bestimmung notwendige Merkmale wie die Knolle fehlen.

Verbreitungsgebiet und Wachstumszeit der Pilze

Generell wachsen unsere Speisepilze im mitteleuropäischen Klimabereich. Sie kommen in Laub-, Nadel- und Mischwäldern, an deren Rändern und auf Wiesen vor. Je nachdem, ob es sich bei den Pilzen um Symbionten – das sind Pilze, die an bestimmte Baumarten gebunden sind und nur mit diesen zusammen existieren können –, um Saprophyten (siehe Seite 11) oder Parasiten (siehe Seite 12) handelt, findet man sie überwiegend unter Bäumen, auf abgestorbenem organischem Material oder an noch lebenden Bäumen. Zu den wichtigsten Baumarten gehören die Fichte (z. B. Steinpilz), die Kiefer (z. B. Kuhröhrling), die Eiche (z. B. Grüner Knollenblätterpilz), die Buche (z. B. Herbsttrompete) und die Birke (z. B. Birkenpilz).

Ungeeignete Sammelplätze Vor allem Innenstädte, Straßenränder, Parkplätze, Hundeauslaufwege, die Wiesenränder gespritzter Felder, kleine Wälder und Wiesen in der Nähe von Industriegebieten. Selbst der heimische Garten ist, sofern hier überhaupt essbare Pilze wachsen, je nach Gegend nicht empfehlenswert. Auch in Einflugschneisen von Flughäfen sollten keine Pilze gesammelt werden: In diesem Gebiet könnten die Strahlen- und Schadstoffbelastung der Pilze zu hoch sein.

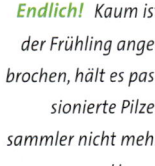

Endlich! Kaum ist der Frühling angebrochen, hält es passionierte Pilzesammler nicht mehr zu Hause.

Wachstumszeit Pilze gibt es zu jeder Jahreszeit. Für die meisten Sammler kommen jedoch nur die Pilze vom Frühling bis zum Spätherbst infrage, also von April bis November. Der Artenreichtum geht vom Mai-Ritterling (Maipilz) über den Steinpilz, der erst im Spätsommer erscheint, bis zum Perlpilz, der sogar noch an feuchten Novembertagen zu finden ist.

Transport, Verarbeitung und Lagerung der Pilze

Transport Pilze werden in luftigen Körben transportiert, da sich das Eiweiß in einer Plastikhülle schnell zersetzt. In einem Leinenbeutel werden die Pilze zu sehr aneinander gedrückt. Für Anfänger ist es ratsam, mehrere Behältnisse (z. B. Papiertragetüte) dabei zu haben, um unbekannte, noch nicht bestimmte Funde von den anderen zu trennen. Ein einziger ungenießbarer Pilz kann eine komplette Mahlzeit verderben.

Putzen Pilze sollten schon im Wald vorgeputzt werden. Dabei werden Schleim (etwa beim Butterpilz die schleimige Huthaut) sowie Erde, Nadeln und Blätter entfernt, Schneckenfraßstellen abgeschnitten, der Pilz auf Madengänge hin untersucht (einmal der Länge nach durchschneiden) und sehr vermadete Exemplare im Wald mit der Fruchtschicht nach unten gleich wieder abgesetzt. So vermeidet man die Verschmutzung der schon im Korb befindlichen Pilze. Die unbrauchbaren Pilze sollten im Wald bleiben.

Aufbewahrung Die gesammelten Pilze verarbeitet man möglichst am selben Tag. Will man sie einen Tag lang aufbewahren, legt man sie ungewaschen und locker an einen kühlen, dunklen, luftigen Ort. Dafür eignen sich aber nur festfleischige Arten und madenfreie Exemplare. Weichfleischige Arten müssen sofort verarbeitet werden. Gegarte Pilzgerichte können in der Regel über Nacht im Kühlschrank aufbewahrt und am nächsten Tag noch einmal aufgewärmt werden.

Gefahr durch radioaktive Verstrahlung?

Seit dem Reaktorunfall von Tschernobyl sind die Böden vor allem in Süddeutschland immer noch mit radioaktivem Cäsium belastet. Manche Pilze reichern dies stark an, so dass alljährlich zur Pilzsaison vor dem Verzehr von Speisepilzen gewarnt wird. Natürlicher Strahlung, die teils durch den Zerfall radioaktiver Elemente (z.B. Uran) aus dem Boden, teils aus dem Weltall kommt, sind wir überall ausgesetzt.

Weitere Strahlungen

Abgesehen von der natürlichen Radioaktivität gibt es noch weitere Strahlungen, die den Menschen belasten, so z.B. Boden-, Höhen- und Röntgenstrahlung.

Bodenstrahlung ist besonders in Süddeutschland gebietsweise stark erhöht, kann aber kleinräumig schwanken. Die radioaktive Belastung ist in der Regel auf Hügeln niedriger als in Senken oder Tälern, in die das Regenwasser abgeflossen ist.

Höhenstrahlung ist bis zu einem gewissen Grad natürlich und steigt in höheren Lagen an.

Röntgenstrahlung ist die stärkste Strahlenbelastung. Daher sollten Sie sich immer genau merken, wann das letzte Röntgen erfolgt ist, um einen gewissen Zeitabstand zu wahren.

Strahlenbelastungen und Pilzverzehr

Bei der Beurteilung möglicher gesundheitlicher Schäden durch den Verzehr radioaktiv belasteter Waldpilze gehen die Meinungen stark auseinander. Nach der verbreiteten Ansicht von Strahlenschutzexperten führt der Verzehr normaler Mengen selbst gesammelter Speisepilze nur zu geringfügig höherer radioaktiver Belastung (die Autorinnen stehen dieser Einschätzung sehr kritisch gegenüber). Da aber jede auch noch so kleine radioaktive Strahlung ein potenzielles Gesundheitsrisiko birgt, sollte man versuchen, sich neben der unvermeidlichen natürlichen oder von Kernkraftwerken stammenden Strahlenbelastung möglichst wenig zusätzlicher Radioaktivität auszusetzen und deshalb höher belastete Lebensmittel meiden.

▶ **Stark belastete Pilze** Die Anreicherung von radioaktiven Stoffen in Pilzen ist standortabhängig und artspezifisch. Einige Arten sind häufig überproportional belastet: Maronenröhrlinge, Reifpilze, Grünlinge, Lila Lacktrichterlinge, Schpecklinge, Schleierlinge, Grünspanträuschlinge, Falsche Pfifferlinge und Rotbraune Milchlinge.

Lebensweise der Pilze

Pilze stehen zwar den Pflanzen sehr nahe, unterscheiden sich aber von ihnen in wichtigen Faktoren. Sie haben kein Chlorophyll (Blattgrün) und sind deshalb nicht in der Lage, Nährstoffe mit Hilfe des Sonnenlichts selbst zu produzieren. Sie sind auf andere Lieferanten organischer Substanzen angewiesen. Pilze haben unterschiedliche Techniken entwickelt, an Nährstoffe zu kommen. Sie leben als so genannte Saprophyten, Parasiten oder als Mykorrhizapilze.

Mykorrhizapilze

Mykorrhiza ist die Bezeichnung der Symbiose eines Pilzes mit einem Baum oder einer anderen Pflanze. Der Pilz erhält vom Baum die Nährstoffe, die er selbst nicht synthetisieren kann, besonders im Herbst, wenn diese zur Speicherung in die Wurzeln geleitet werden. Mykorrhizapilze kann man nicht züchten.

Saprophyten

Viele Pilze verschaffen sich ihre Nährstoffe als Saprophyten. Sie zersetzen totes organisches Material. Zu dieser Gruppe gehören Arten, deren Myzel in den oberen Bodenschichten liegt und dort abgestorbene Pflanzenteile nutzt. Hierzu zählen Champignon und Schopftintling. Andere Myzelien befinden sich nur in den oberen Laubschichten (z.B. Breitblättriger Rübling). Weitere Arten leben als Holzbewohner und erhalten Nährstoffe durch dessen Zersetzung. Einige Arten haben sich auf Laubholz spezialisiert (Stockschwämmchen, Grünblättriger Schwefelkopf), andere auf Nadel- und Laubholz (Gifthäubling). Manche gedeihen nur auf Nadelholz (Graublättriger Schwefelkopf).

Parasiten

Als Parasiten werden Lebewesen bezeichnet, die auf oder in einem anderen Lebewesen, dem Wirt, gedeihen und diesen schädigen. Obligate Parasiten können sich nur von lebenden Zellen ernähren. Das gilt bei Pilzen für sehr kleine Arten (z. B. Mehltau). Ein sehr aggressiver Parasit ist der Hallimasch (auf fast allen Baumarten, auch Obstbäumen), der auch gesunde Bäume über deren Wurzeln angreift und innerhalb kurzer Zeit zum Absterben bringt. Er entwickelt sein Myzel zwischen Holz und Borke und zerstört damit das Leitungssystem seines Wirts. Die dicken schwarzen Myzelstränge sind zu sehen, wenn die Borke entfernt ist. Sehr aggressiv ist auch sein Doppelgänger, der Sparrige Schüppling.

Risiken im Wald

Ein Waldspaziergang auf Wegen birgt normalerweise nur wenige Gefahren. Aber gerade Pilzsammler verlassen auf der Suche nach Pilzen gern die einmal eingeschlagene Richtung und folgen nur noch den nächsten Pilzvorkommen, die weiter in den Wald führen.

Das sollten Sie beachten

Orientierung Merken Sie sich vor allem in unbekannten Gebieten markante Punkte (Abzweigungen, besondere Bäume, Sträucher). Vermeiden Sie, den Rückweg bei Dunkelheit anzutreten. Generell sind Wanderkarten empfehlenswert.

Tierspuren Achten Sie im Wald auf Tierspuren, besonders von Wildschweinen, die sich tagsüber im Dickicht aufhalten und sehr angriffslustig sind.

Tollwutgefahr Das Risiko einer Tollwutinfektion ist relativ gering. Die Gefahr besteht fast nur im Fall eines Bisses durch infizierte Tiere, die meist auffällig sind, weil sie ihre Scheu verlieren. Sollte es zu einem Biss kommen, suchen Sie sofort ein Krankenhaus auf, um sich einer Impfung zu unterziehen, ohne die die Infektion tödlich verläuft.

Gefahr durch Zecken

Die Zecke lebt als Parasit vorwiegend im Wald und wartet im Gras oder Unterholz, bis ein geeigneter Wirt vorbeikommt. Dann lässt sie sich fallen, bohrt ihre Mundwerkzeuge in die Haut und beginnt Blut zu saugen. Je länger der Saugvorgang dauert, desto höher ist das Risiko einer Infektion. Vor allem zwei Infektionen können für Menschen bedrohlich sein.

Borreliose Sie wird durch Bakterien übertragen, mit der etwa jede dritte Zecke infiziert ist. Eine ringförmige Hautrötung um die Bissstelle ist das Frühsymptom. Antibiotika sind bei der Borreliose erfolgreich.
Hirnhautentzündung (FSME) Eine Virusinfektion, wobei die ersten grippeähnlichen Symptome 6 bis 21 Tage nach dem Biss auftreten. 30 Prozent der Infizierten erleiden einen nächsten Krankheitsschub mit Fieber, Sehstörungen, Übelkeit, Lähmungen und dem Ausbruch der Hirnhautentzündung.

Gefahr durch Fuchsbandwurm

Pilze sind häufig vom Fuchsbandwurm (Echinococcus multilocularis) befallen. Da bei den meisten Sprödblättlern eine Geschmacksprobe nötig ist, um die zum Verzehr geeigneten Pilze zu bestimmen, kann man auf diesem Weg die Eier des Fuchsbandwurms aufnehmen. Die Eier haften an Pilzen oder Beeren in Bodennähe, wohin sie mit dem Kot der Wirte (Füchse, Hunde, Katzen) gelangt sind. Die Larven befallen dann die schmerzunempfindliche Leber, so dass sich die Erkrankung meist erst nach Jahren u. a. durch eine Gelbsucht äußert. Wird sie nicht zufällig bei anderen Untersuchungen frühzeitig entdeckt, ist der Verlauf tödlich. Heute liegt die Sterbequote bei zehn Prozent.

Kochen als Schutz   Die Eier des Fuchsbandwurms lassen sich innerhalb weniger Minuten bei 60 °C abtöten, so dass keine Gefahr von gut erhitzten Gerichten ausgeht. Einfrieren reicht jedoch nicht aus, da die Eier monatelang bei −20 °C überleben und erst bei −80 °C absterben.

Verträglichkeit von Pilzen

Fast alle Pilze sind roh schwer verdaulich, unbekömmlich oder giftig. Roh sollten Sie nur frische Champignons genießen. Es gibt jedoch Menschen, die auch diese Pilze nur gegart vertragen. Ebenso sollten Kinder Champignons nicht roh verzehren. Allergiker und allergieanfällige Kinder sollten Pilzgerichte erst einmal vorsichtig probieren. Zeigt sich keine negative Reaktion, können die getesteten Arten unbedenklich verzehrt werden.

Das Paxillussyndrom

Diese seltene Sonderform der Allergie ruft den Zerfall der roten Blutkörperchen (Hämolyse) hervor. Sie ist Folge einer Antigen-Antikörper-Reaktion nach (häufigem) Genuss einer Pilzart. Das Paxillussyndrom wird durch den Kahlen Krempling hervorgerufen. Es ist jedoch auch bei anderen Arten nicht ausgeschlossen, da die auslösende Substanz noch nicht bekannt ist. Dabei treten Vergiftungsmerkmale in der Regel erst nach wiederholtem, unter Umständen jahrelangem Genuss auf, ohne vorherige Beschwerden. Folgende Symptome deuten möglicherweise auf ein Paxillussyndrom hin:

Erste Anzeichen Kollaps, Bauchkoliken, Brechdurchfälle und Rotfärbung des Urins mit Verminderung der Urinproduktion; 15 Minuten bis vier Stunden nach der Mahlzeit

Erkrankung Anfangs meist nur eine leichte Erkrankung, die aber mit jeder Mahlzeit der verursachenden Pilzart schwerer wird, weil immer mehr Abwehrstoffe gegen diese Pilzeiweiße gebildet werden. Im schlimmsten Fall kann schon die erste Vergiftung tödlich enden.

Pilze und Alkohol

Es gibt einige Pilzarten, die man nicht gemeinsam mit Alkohol genießen kann, es kommt sonst zur so genannten Antabusreaktion (Coprinussyndrom). Faltentintlinge, Netzstielige Hexenröhrlinge und Keulenfüßige Trichterlinge lösen durch das Pilzgift Coprin bei gleichzeitigem Alkoholgenuss Atemnot, Gesichtsröte, Herzklopfen und -rhythmusstörungen, Erbrechen und Blutdruckabfall bis hin zum Kollaps aus. Die Vergiftung verläuft ohne Folgen, wird aber als äußerst unangenehm erlebt. Wird am nächsten Tag wieder Alkohol getrunken, kann sich die Reaktion wiederholen (oft reichen winzige Mengen Alkohol, z. B. in Medikamenten). Wer Faltentintlinge essen möchte, darf zum Pilzgericht selbst und mindestens zwei bis drei Tage vor und nach dem Pilzgenuss keinen Alkohol trinken. Auch Schopftintlinge und Grünlinge stehen im Verdacht, solche Reaktionen auszulösen.

Pilzvergiftungen

Echte Pilzvergiftungen werden durch giftig wirkende Stoffe, die in manchen Arten vorhanden sind, ausgelöst. Sollten Sie nur die geringsten Vergiftungsanzeichen bei sich oder anderen bemerken, müssen Sie sofort zum Arzt. Unechte Pilzvergiftungen sind individuelle Unverträglichkeiten, die meist sehr unangenehm, aber selten lebensgefährlich sind.

Latenzzeit und erste Symptome geben Hinweise auf die mögliche Ursache. Pilzvergiftungen werden nach auslösenden Giften, Symptomen und Pilzarten eingeteilt.

Gyromitrinsyndrom (tödlich) Erste Symptome: Brechdurchfälle, Gelbsucht • Latenzzeit: 6 bis 24 Stunden • Pilze: Frühjahrslorchel (Gyromitra esculenta)

Orellanussyndrom (tödlich) Erste Symptome: Durst, Nierenschmerzen, verringerte Urinproduktion • Latenzzeit: in der Regel einige Tage bis zu drei Wochen, selten nur einige Stunden • Pilze: Orangefuchsiger Hautkopf (Cotinarius orellanus), Spitzbuckliger Orangenschleierling (Cortinarius rubellus)

Muscarinsyndrom (schwere Vergiftung; eventuell tödlich) Erste Symptome: Schweißausbrüche, Brechdurchfälle • Latenzzeit: einige Minuten bis zu zwei Stunden • Pilze: Risspilze, weiße Trichterlinge

Pantherinasyndrom (eventuell tödlich) Erste Symptome: Gehstörungen, Rauschzustände, schwere Vergiftungserscheinungen • Latenzzeit: 15 Minuten bis drei Stunden • Pilze: Pantherpilz, Narzissengelber Wulstling

Fliegenpilzsyndrom (selten unbeabsichtigt auftretend) Erste Symptome: Schläfrigkeit, Geh-, Koordinationsstörungen, Rauschzustände • Latenzzeit: 15 Minuten bis drei Stunden (Dauer etwa 10 bis 15 Stunden) • Pilz: Fliegenpilz

Psilocybinsyndrom (sehr selten unbeabsichtigt auftretend) Erste
   Symptome: Benommenheit, Rauschzustände, Halluzinationen,
   Schwindel • Latenzzeit: 15 Minuten bis 2 Stunden (Dauer einige
   Stunden) • Pilze: Kahlköpfe, Düngerlinge; Giftgehalt der euro-
   päischen Arten ist relativ gering
Gastrointestinale Pilzintoxikation (für Kinder eventuell tödlich)
   Erste Symptome: Brechdurchfälle • Latenzzeit: 15 Minuten bis
   vier Stunden, selten bis acht Stunden (Dauer bis zu zwei Tagen)
   Pilze: Karbolchampignon, Riesenrötling, Tigerritterling, Öl-
   baumtrichterlinge, scharfe/ bittere Milchlinge, scharfe/ bittere
   Täublinge
Weitere Pilzvergiftungen Phalloidessyndrom (Knollenblätterpilze)
   Paxillussyndrom (Seite 14f.)

Gastrointestinale Vergiftungen

Diese Gruppe macht ca. 20 bis 40 Prozent aller Pilzvergiftungen
aus. Durch Erhitzen können die meist unbekannten Gifte nicht
zerstört werden. Der Verlauf ist meist harmlos und dauert etwa
ein bis zwei Tage. Besonders massiv treten die Erkrankungen
nach dem Genuss von Milchlingen auf. Da es bei dieser Vergiftung zu einem hohem Wasserverlust kommt, müssen dem
Erkrankten ausreichend Flüssigkeit und Salze zugeführt werden.

Unechte Pilzvergiftungen

Neben einer Allergie auf bestimmte Pilzarten oder individuellen
Unverträglichkeiten können Rohgenuss, der Verzehr von ver-
dorbenen Pilzen (Lebensmittelvergiftung!) oder unzureichende
Zubereitung eine unechte Pilzvergiftung hervorrufen. So ist auch
von einem übermäßigen Verzehr abzuraten, weil Pilze im All-
gemeinen schwer verdaulich sind. Erste Symptome: Völlegefühl,
Blähungen, Brechdurchfälle, Angstzustände; Latenzzeit: sehr
unterschiedlich, von wenigen Minuten bis zu einigen Stunden

Pilzbestimmung leicht gemacht

Artbeschreibung der Pilze

Eine genaue Beschreibung der einzelnen Pilze ist das A und O eines hilfreichen Pilzerkennungsbuchs. Gehen Sie nicht leichtfertig über die beschriebenen Merkmale hinweg: Im schlimmsten Fall könnte es tödliche Folgen für Sie haben!

Merkmale zur Artbestimmung

Eine genaue Untersuchung folgender Merkmale ist unerlässlich, um essbare von giftigen Pilzen zu trennen:

Hutoberseite (bei den Pilzporträts kurz: Hut) Das ist meist das Erste, was man von einem Pilz entdeckt; Farbe, Struktur der Huthaut, Form und Größe sind je nach Art unterschiedlich.

Hutunterseite (bei den Pilzporträts kurz: Unterseite) Sie wird sichtbar, wenn man den Fruchtkörper umdreht oder mit einem Spiegel darunter schaut. Die Fruchtschicht ist je nach Art unterschiedlich ausgeprägt.

Sporen Ihre Farbe ist eventuell erkennbar, wenn die Hüte dachziegelig übereinander sitzen, sonst erst nach einem Sporenabdruck.

Stiel Die Spitze ist der Teil direkt unter dem Hut, die Basis mit ihren Merkmalen ist oft im Substrat verborgen; der Stiel kann dick, dünn, brüchig, längsfaserig, mit oder ohne Ring sein.

Fleisch Das Fruchtfleisch ist unterschiedlich in Farbe und Konsistenz, im Hut ist es dick oder dünn, im Stiel faserig oder brüchig.

Geruch Der Duft eines Pilzes lässt sich oft nur bei frischen Fruchtkörpern am Standort feststellen.

Geschmack Er bezieht sich auf den rohen Fruchtkörper (Vorsicht bei Kostproben!).

Die Merkmale der Fruchtkörper

Fruchtkörper

Hut

Fruchtschicht

Stielspitze

Substrat

Stielbasis

Myzel

Huthaut

Gezont

Radialfaserig

Mit Flocken

Schuppig

Hutrand

Gerieft

Ring

Mit Velumflocken

Gerieft

Ringzone

Scheide

Schuppig

Myzel

Genattert

Knolle

Entstehung von Ring (Manschette) und Ringzone

Schutzschicht

Huthaut

Hutfleisch

Schleierartig

Häutig

Lamellen   Stiel

Ring   **Ringzone**

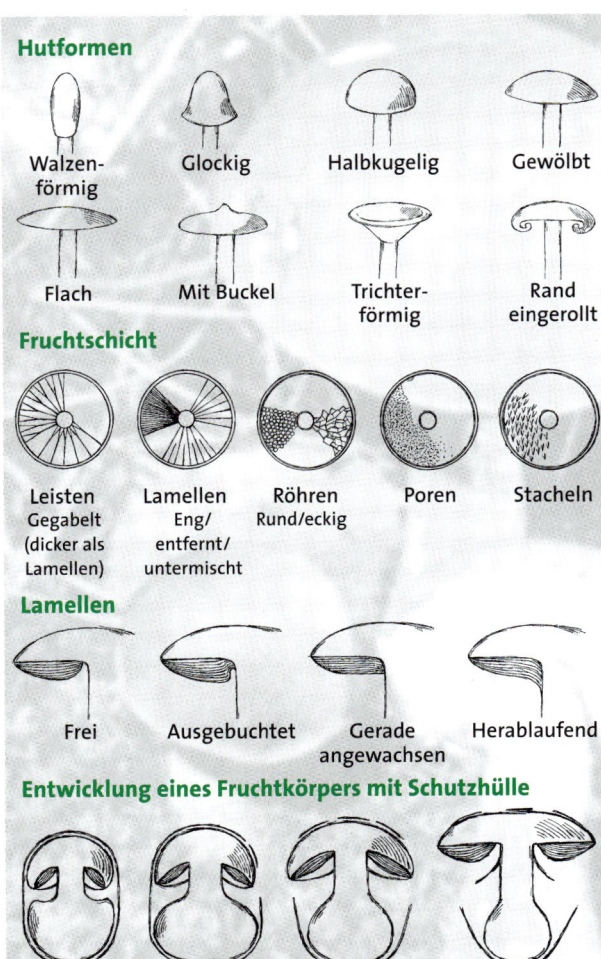

Hutformen

Walzen-
förmig

Glockig

Halbkugelig

Gewölbt

Flach

Mit Buckel

Trichter-
förmig

Rand
eingerollt

Fruchtschicht

Leisten
Gegabelt
(dicker als
Lamellen)

Lamellen
Eng/
entfernt/
untermischt

Röhren
Rund/eckig

Poren

Stacheln

Lamellen

Frei

Ausgebuchtet

Gerade
angewachsen

Herablaufend

Entwicklung eines Fruchtkörpers mit Schutzhülle

Die Bestimmung der Pilze

Bestimmung bedeutet, eine Art aufgrund ihrer Merkmale eindeutig einem Namen und einer Beschreibung zuzuordnen. Die exakte Bestimmung der ca. 4000 mitteleuropäischen Großpilzarten ist in vielen Fällen nur durch Experten möglich, da hierzu ein Mikroskop und oft auch Chemikalien benötigt werden.

Welche Art ist das?

Die Namen der häufigsten Arten lassen sich aber in den meisten Fällen auch von Pilzesammlern herausfinden. Bei einigen Pilzen, wie den Birkenpilzen, ist die Artbestimmung für Speisezwecke nicht nötig, da alle essbar sind und es somit reicht zu wissen, dass es sich um einen Pilz der Gattung Birkenpilze handelt. Ganz anders verhält es sich z. B. bei der Gattung der Schwefelköpfe: Der Graublättrige Schwefelkopf ist ein Speisepilz, sein naher Verwandter, der Grünblättrige Schwefelkopf, ist dagegen giftig.

Regeln für die Bestimmung

Es ist von höchster Wichtigkeit, die folgenden Regeln für die Bestimmung zu befolgen – es besteht Vergiftungsgefahr, wenn man nicht sorgfältig Punkt für Punkt durchgeht. Sollten Sie bei der Bestimmung einer Pilzart unsicher sein, fragen Sie einen Experten, oder gehen Sie zur Pilzberatung. Wenn dies nicht möglich ist, verzichten Sie im Zweifelsfall auf die betreffenden Pilze.

1. Kleine braune Pilze mit braunen Lamellen und kleine weiße Trichterlinge verbleiben am Standort, sie sind in der Regel für Laien nicht bestimmbar und sowieso nicht essbar.

2. Zwei bis drei vollständige Exemplare unterschiedlichen Alters mitnehmen (die entstandenen Löcher im Boden wieder gut verschließen).

3. Keine weiteren Fruchtkörper in der Hoffnung, sie seien vielleicht essbar, mitnehmen.

4. In der Nähe stehende Bäume notieren.

5. Feststellen, ob der Fruchtkörper auf dem Boden oder auf Holz wächst.

6. Geruch notieren.

7. Sporenabdruck anfertigen. Er ist das wichtigste Indiz für die einwandfreie Bestimmung. Die einzelnen Sporen sind sehr klein und mit bloßem Auge nicht sichtbar. Unter dem Mikroskop sind die Unterschiede aber je nach Pilzart in Größe, Form und Oberflächenstruktur zu erkennen.

6. Alle im Text beschriebenen Merkmale müssen mit denen des Fruchtkörpers übereinstimmen.

7. Möglichst bei Tageslicht arbeiten, da künstliches Licht die Farben verfälscht.

8. Bestimmung nur nach Bildern ist nicht möglich, da Farbe und Form sehr variabel sind.

Die Pilzporträts

Aus den etwa 4000 allein in Mitteleuropa existierenden Großpilzarten sind für dieses Buch 70 Arten ausgewählt, die entweder häufig vorkommen oder gut zu bestimmen sind, entweder sehr schmackhaft sind oder mit solchen Exemplaren verwechselt werden können. Den deutschen Namen, die sich oft landschaftlich und regional unterscheiden, sind die gültigen lateinischen Namen nachgestellt.

Vielfalt der Arten

Die Pilze auf den folgenden Seiten sind nicht alphabetisch, sondern nach ihrer Zugehörigkeit zu bestimmten Arten aufgeführt. Damit Sie essbare von giftigen Exemplaren leicht unterscheiden können, wurde zudem darauf geachtet, dass sich leicht zu verwechselnde Arten auf einer Doppelseite gegenüberstehen.

Zusätzliche Kriterien

Der Artbeschreibung jedes Pilzes sind die folgenden Stichpunkte hinzugefügt:

Vorkommen Fruchtkörper wachsen zu bestimmten Zeiten an unterschiedlichen Standorten (Holz, Erde, unter bestimmten Baumarten).

Sonstiges Hier finden Giftwirkung, Schutz oder andere Besonderheiten ihre Erwähnung.

Verwechslungen Pilze mit ähnlichem Aussehen werden hier gegebenenfalls mit Seitenverweis aufgeführt.

Wert Diese Beurteilung bezieht sich auf die Verwendungsmöglichkeiten des vorgestellten Pilzes als Speisepilz oder auf die Gefahren seines Gifts und dessen mögliche Auswirkungen auf den menschlichen Organismus.

Die verwendeten Symbole und ihre Bedeutung

 Speisepilz

 Ungenießbarer Pilz oder Hinweis auf radioaktive Belastung

 Essbarer Pilz

 Giftiger Pilz

Riesenporling *(Meripilus giganteus)*
Sonstige Namen keine
Hutoberseite braungelb gezont mit hellgelbem Rand; samtig bis schuppig; Einzelhüte jung zungen-, später fächerförmig;

bis zu 30 Zentimeter breit; Sammelfruchtkörper aus dachziegelig überlappenden Hüten mit einem gemeinsamen Strunk zusammengesetzt, gesamter Riesenporling bis zu einem Meter breit
Hutunterseite Poren; blass gelblich, auf Druck schwärzend
Sporenfarbe weiß
Stiel gelblich; seitlich am Hut ansetzend; vereinigt sich an der Basis mit anderen Stielen zum Strunk
Fleisch weiß; auf Druck und im Anschnitt schwärzend; jung weich, saftig; alt schwarz und lederartig

Jung essbar

Geruch / Geschmack aromatisch / säuerlich
Vorkommen Juli bis Oktober; an Laubholz, besonders an Buchen; einjährig; Saprophyt und Schwächeparasit
Sonstiges Essbarkeit ist umstritten (nach eigener Erfahrung jung essbar, dazu aber unbedingt gut kochen oder schmoren)
Verwechslungen Klapperschwamm (Seite 27), Bergporling (schmeckt scharf)
Wert im Alter zäh und bitter; nur jung essbar, aber nicht allen bekömmlich; Konsistenz wie (Kalb-)Fleisch

Klapperschwamm *(Grifola frondosa)*

Sonstiger Name Laubporling

Hutoberseite graubraun, faserig mit radialen Streifen; Hüte muschel- bis fächerförmig, bis zu 8 Zentimeter breit; Sammelfruchtkörper aus dachziegelig sitzenden Einzelhüten mit einem gemeinsamen Strunk, gesamter Klapperschwamm bis zu 50 Zentimeter breit

Hutunterseite Poren; weißlich; am Stiel herablaufend

Sporenfarbe weiß

Stiel weißlich grau; seitlich am Hut ansitzend; vereinigt sich an der Basis mit anderen Stielen zum Strunk

Fleisch weiß; nicht verfärbend; jung elastisch, alt zäh

Geruch/Geschmack unbedeutend / leicht säuerlich

Jung essbar, aber schonenswert

Vorkommen August bis Oktober; Schwächeparasit, Saprophyt an Eichen

Sonstiges sollte wegen seiner Seltenheit unbedingt geschont werden (steht auf der »Roten Liste«)

Verwechslungen Riesenporling (Seite 26); Ähnlichkeit mit dem Eichhasen (Polyporus umbellatus), der um die Strünke von Laubbäumen wächst und ebenfalls essbar ist; Ähnlichkeit mit dem schwärzenden Bergporling (schmeckt scharf)

Wert jung essbar; wenig schmackhaft; selten

Steinpilz *(Boletus edulis)*

Sonstige Namen Fichtensteinpilz, Herrenpilz, Edelpilz, Steinkopf, Braunkopp

Hutoberseite hell- bis schokoladenbraun; glatt bis runzlig;

feucht, schmierig; jung halbkugelig, später gewölbt; bis zu 25 Zentimeter breit

Hutunterseite Röhren; Mündungen rundlich, klein; jung weiß, später gelblich bis grünlich

Sporenfarbe oliv-bräunlich

Stiel Grundfarbe bräunlich, mit hellem Netz an der Stielspitze; jung bauchig, alt zylindrisch

Fleisch weiß, nicht verfärbend

Geruch / Geschmack aromatisch / mild, nussartig

Sehr guter Speisepilz; teilgeschützt

Vorkommen Juli bis Oktober; in Laub- und Nadelwäldern, an Waldrändern und Lichtungen; Mykorrhizapilz besonders von Fichten

Sonstiges steht seit 1986 in Deutschland unter eingeschränktem Naturschutz und darf somit nur für den Eigenbedarf gesammelt werden.

Verwechslungen Gallenröhrling (Seite 29), Maronenröhrling (Seite 33), Röhrlinge mit roten Röhrenmündungen

Wert für alle Zubereitungsarten gut; nicht roh essen

Gallenröhrling *(Tylopilus felleus)*

Sonstige Namen Bitterling, Giftling, Rosspilz

Hutoberseite hellbraun, zimtfarben; matt, feinfilzig; jung halbkugelig, später gewölbt; bis zu 15 Zentimeter breit

Hutunterseite Röhren; Mündungen rundlich; jung weiß, später immer rosa (nie gelblich grün wie beim Steinpilz!); auf Druck bräunend

Sporenfarbe rosa-bräunlich

Stiel Grundfarbe deutlich heller als beim Steinpilz, braun mit grobem dunklem Netz (Netzfarbe dunkler als beim Steinpilz; gutes Unterscheidungsmerkmal); zylindrisch, auch keulenförmig

Fleisch weiß, nicht verfärbend

Geruch / Geschmack pilzartig / sehr bitter

 Ungenießbar

Vorkommen Juli bis Oktober; auf kalkarmem bis saurem Boden; meist im Nadelwald; Mykorrhizapilz von Fichte und Kiefer

Sonstiges Der bittere Geschmack ist am frischen Anschnitt zu spüren, sofern man Bitterstoffe schmecken kann.

Verwechslungen Steinpilz (Seite 28), Maronenröhrling (Seite 33)

Wert ungenießbar durch Bitterstoffe; Verzehr größerer Mengen verursacht Magen-Darm-Beschwerden

Flockenstieliger Hexenröhrling (*Boletus erythropus; B. luridiformis*)

Sonstige Namen Schusterpilz, Samtkappe, Schuppenstieliger Hexenröhrling, Zigeuner

Hutoberseite dunkelbraun; jung samtig, alt glänzend; nass etwas klebrig; jung halbkugelig, später gewölbt; bis zu 20 Zentimeter breit

Hutunterseite Röhren; Mündungen rot, rund, klein; auf Druck blauend

Sporenfarbe olivbraun

Stiel dickbauchig; orangegelb mit roten Flocken (kein Netz)

Fleisch fest; gelb, im Anschnitt sofort blauend

Geruch / Geschmack mild

Vorkommen Mai bis November; auf saurem Boden; Laub- und Nadelwald, oft zwischen Heidelbeeren, auch im Bergland; Mykorrhizapilz von Eiche, Buche, Fichte

Sehr guter Speisepilz

Sonstiges Von den Röhrlingen mit roten Röhrenmündungen ist nur der Flockenstielige Hexenröhrling unbedenklich.

Verwechslungen Satanspilz (Seite 31), Netzstieliger Hexenröhrling (Seite 38), Glattstieliger Hexenröhrling (Stiel aber ohne Flocken oder Netz)

Wert sehr guter Speisepilz; roh giftig, muss auf jeden Fall sehr gut erhitzt werden, da sonst Verdauungsstörungen möglich sind

Satanspilz *(Boletus satanas)*

Sonstige Namen Satansröhrling, Kuhfotzen

Hutoberseite weißlich grau (beim Flockenstieligen Hexenröhrling dagegen dunkelbraun, steingrau; alt bräunlich, jung halbkugelig, später gewölbt; bis zu 25 Zentimeter breit

Hutunterseite Röhren; Mündungen orangerot; klein, rund; auf Druck schwach blauend

Sporenfarbe olivbraun

Stiel dickbauchig, kurz; Spitze gelb mit feinem rotem Netz; Mitte und Basis rot

Fleisch weißlich gelblich, nur schwach blauend

Geruch / Geschmack im Alter meist aasartig

Vorkommen Juli bis September; sehr selten; Wärme und Kalk liebend; Mykorrhizapilz, meist bei Eiche oder Buche; fehlt in Norddeutschland

Giftig; stark gefährdet

Sonstiges In älteren Büchern zum Teil nur als roh giftig beschrieben, tödliche Vergiftungen sind allerdings nicht bekannt; ist inzwischen sehr selten geworden

Verwechslungen Flockenstieliger Hexenröhrling (Seite 30), Schönfußröhrling (erkennbar an seinen gelben Röhrenmündungen)

Wert giftig; ruft nach Verzehr Erbrechen und heftige Verdauungsstörungen hervor, die tagelang anhalten können

Rotfußröhrling *(Xerocomus chrysenteron)*
Sonstiger Name Rotfüßchen
Hutoberseite hellbeige bis dunkel rotbraun; samtig; in Rissen und Fraßstellen rötend; jung halbkugelig, später abgeflacht; bei Feuchtigkeit häufig mit Goldschimmel; bis zu 10 Zentimeter breit

Hutunterseite Röhren; Mündungen mittelgroß, eckig; jung gelb, alt olivbräunlich; auf Druck oft, aber nicht immer blauend
Sporenfarbe olivbraun
Stiel gelb oder bräunlich; meist mit roter Basis (Name); zylindrisch; oft verbogen
Fleisch hellgelb; schwach blauend; alt weich
Geruch / Geschmack obstartig / leicht säuerlich

Essbar; zum Teil radioaktiv hoch belastet

Vorkommen Juni bis November; häufig auf saurem Boden; in Laub- und Nadelwald; Mykorrhizapilz
Sonstiges Bei einigen Proben von Rotfußröhrlingen wurden erhöhte radioaktive Werte gemessen

Verwechslungen Maronenröhrling (Seite 33), Ziegenlippe (Röhren leuchtend gelb, ohne Rottöne), Schönfußröhrling (größer, bitterer Geschmack)
Wert jung Geschmack säuerlich; alt geschmacklos

Maronenröhrling *(Xerocomus badius)*

Sonstige Namen Marone, Braunhäuptchen, Graspilz, Tannenpilz, Braunkappe, Frauenschwamm, Schafschwamm

Hutoberseite kastanienbraun bis dunkelbraun; jung fein filzig, alt glatt; bis zu 15 Zentimeter breit

Hutunterseite Röhren; Mündungen fein (beim Rotfußröhrling mittelgroß), rund; jung weißlich, später grüngelb bis oliv; auf Druck blauend

Sporenfarbe olivbraun

Stiel gelblich bräunlich; längsfaserig (kein Netz); zylindrisch bis bauchig

Fleisch jung fest, alt weich; weißlich (beim Rotfußröhrling hellgelb), bei Verletzung blauend, dann wieder verblassend

Essbar; zum Teil radioaktiv hoch belastet

Geruch / Geschmack obstartig / mild

Vorkommen Juli bis November; gern auf saurem Boden; meist im grasigen Nadelwald unter Kiefer und Fichte, seltener im Laubwald; Mykorrhizapilz

Sonstiges hoch belastet

Verwechslungen Steinpilz (Seite 28), Rotfußröhrling (Seite 32), Ziegenlippe (Hut gräulich), Gallenröhrling (Seite 29)

Wert essbar, aber radioaktiv hoch belastet; roh giftig

Butterpilz *(Suillus luteus)*

Sonstige Namen Butterröhrling, Rotzerl, Schmerling, Schmierling

Hutoberseite schokoladenbraun bis gelblich; feucht schmierig, trocken glänzend; radialfaserig; Huthaut gut abziehbar; jung halbkugelig, alt flach; bis zu 13 Zentimeter breit

Hutunterseite Röhren; jung hellgelb, von häutiger Schutzschicht bedeckt, alt olivgelb; Mündungen rund, auch eckig

Sporenfarbe bräunlich ocker

Stiel jung gelblich; Basis zum Teil bräunlich; zylindrisch; Ring jung weiß, später dunkel oder fehlend

Sehr guter Speisepilz; allergieverdächtig

Fleisch hellgelb; weich

Geruch / Geschmack schwach obstartig / mild

Vorkommen Juni bis November; Sandboden; Kalk meidend; Mykorrhizapilz

Sonstiges scheint vereinzelt nach dem Verzehr allergische Reaktionen auszulösen; kann stärker radioaktiv belastet sein

Verwechslungen keine mit Giftpilzen. Goldröhrling (heller; nur unter Lärchen; Seite 35), Körnchenröhrling (heller; ohne Ring; essbar)

Wert schmackhafter Speisepilz, aber umstritten

Goldröhrling *(Suillus grevillei)*

Sonstige Namen Goldgelber Lärchenröhrling, Schöner Röhrling

Hutoberseite hell orangegelb bis goldbraun; klebrig bis schmierig; jung halbkugelig, dann gewölbt bis flach; Rand etwas über die Röhren gehend; bis zu 12 Zentimeter breit

Hutunterseite Röhren; gelb, später zimtfarben; am Stiel angewachsen; englöchrig; jung mit schleimiger Hülle

Sporenfarbe gelblich bis braun

Stiel wie Hut gefärbt; faserig; gegen die Basis auf gelbem Grund rötlich genetzt; zylindrisch; mit schleimigem Ring

Essbar; selten

Fleisch hellgelb, weich

Geruch / Geschmack angenehm mild

Vorkommen Juli bis Oktober; im Lärchenwald, auch unter einzelnen Lärchenbäumen; Mykorrhizapilz

Sonstiges bei älteren Exemplaren die Huthaut bereits im Wald abziehen; jüngere sind wesentlich schleimiger, lassen sich aber recht schlecht abziehen

Verwechslungen kaum mit Giftpilzen, eher mit dem Butterpilz (Seite 34)

Wert essbar, aber schonenswert, da inzwischen selten

Birkenrotkappe *(Leccinum testaceo-scabrum; L. versipelle)*

Sonstige Namen Rotkappe, Rothautröhrling, Schwarzschuppiger Birkenröhrling, Heiderotkappe, Rothäuptchen

Guter Speisepilz; teilgeschützt

Hutoberseite gelbbraun oder ziegelrötlich; feinfilzig; radialfaserig; jung halbkugelig, alt gewölbt; Huthaut über Fruchtschicht überstehend; bis zu 15 Zentimeter breit

Hutunterseite Röhren; jung weißlich grau, später grauocker

Sporenfarbe braun

Stiel weißlich mit schwarzen Schuppen; lang, schlank

Fleisch weiß bis schwach rosa; im Anschnitt und an Druckstellen grau, graublau, dann schwärzend, Stielbasis im Anschnitt blaugrün, bald verblassend

Geruch / Geschmack unbedeutend

Vorkommen Juni bis Oktober; wird seltener; in Heidelandschaften; als Mykorrhizapilz nur unter Birken

Sonstiges ist geschützt; Sammeln nur für den Eigenbedarf erlaubt

Verwechslungen keine mit Giftpilzen; Birkenpilz (Seite 37), Espenrotkappe (nur bei Espen), Eichenrotkappe (kräftiger, bei Eichen oder Buchen)

Wert guter festfleischiger Speisepilz; Fleisch wird schwarz (wie verbrannt), was aber die Qualität keinesfalls mindert

Birkenpilz *(Leccinum scabrum)*

Sonstige Namen Kapuziner, Grashaxe, Rotzling, Birkel, Pfaffenkopf

Hutoberseite hell gelbbraun bis graubraun, auch rotbraun; Huthaut jung feinfilzig, alt kahl; schmierig; jung halbkugelig, später gewölbt; bis zu 12 Zentimeter breit

Hutunterseite Röhren; weißlich, später grau oder bräunlich; auf Druck bräunend; Mündungen klein, rund

Sporenfarbe bräunlich

Stiel weiß bis cremefarben mit dunklen oder cremefarbenen Schuppen; schlank

Fleisch weiß, selten schwach rosa, grau, blaugrün; meist nicht verfärbend; jung fest, alt schwammig; Stielfleisch längsfaserig

Geruch / Geschmack angenehm / mild

Essbar; teilgeschützt

Vorkommen Juni bis Oktober; häufig auftretend; Mykorrhizapilz

Sonstiges Farbvarianten je nach Art; alle essbar, aber geschützt, d. h. Sammeln nur für den Eigenbedarf erlaubt

Verwechslungen Birkenrotkappe (Seite 36), Hainbuchenröhrling (Fleisch schwärzend); Ähnlichkeit mit dem Rötenden Birkenpilz (L. oxydabile; hellerer Hut, sich rötlich verfärbendes Fleisch)

Wert guter Speisepilz; alt weich, Stiele zäh; Moorform nicht schmackhaft

Netzstieliger Hexenröhrling *(Boletus luridus)*

Sonstige Namen keine

Hutoberseite gelbbraun bis olivbraun; jung feinfilzig (wie Wildleder), später glatt; jung halbkugelig, alt flach; bis zu 20 Zentimeter breit

Hutunterseite Röhren; Mündungen rötlich, klein, rund; auf Druck blauend

Sporenfarbe olivbraun

Stiel gelb mit rotem Netz; auf Druck blauend; Basis rötlich; bauchig bis schlank

Fleisch gelb, im Anschnitt blauend

Geruch / Geschmack unbedeutend / mild

Vorkommen Juni bis Oktober; gern auf kalkhaltigem Boden; in Norddeutschland selten; in Laub- und Mischwald und Parkanlagen; Mykorrhizapilz unter Buchen, Birken und Linden

Leicht giftig, vor allem bei Alkoholgenuss

Sonstiges unverträglich mit Alkohol, bis zu drei Tage vor und nach dem Genuss; enthält geringe Mengen (Spuren) Muscarin

Verwechslungen Flockenstieliger Hexenröhrling (Seite 30), Satanspilz (Seite 31), Glattstieliger Hexenröhrling (Stiel ohne Zeichnung, sehr selten, Rote Liste)

Wert Nach neuen Erkenntnissen ist der Netzstielige Hexenröhrling als leicht giftig einzustufen; vor allem mit Alkohol ist er besonders unverträglich, individuell aber auch ohne

Kahler Krempling *(Paxillus involutus)*

Sonstige Namen Empfindlicher Krempling, Speckpilz

Hutoberseite gelbbraun bis rotbraun; jung schmierig, alt glänzend; Hutrand jung filzig und eingerollt, Hut flach bis trichterförmig mit gerieftem Rand; bis zu 15 Zentimeter breit

Hutunterseite Lamellen; dicht stehend, am Stiel herablaufend; dort oft mit netzartigen Querverbindungen; leicht vom Hut ablösbar; gelbbraun; auf Druck braun fleckig

Sporenfarbe braun

Stiel kurz; wie Hut gefärbt; auf Druck braun fleckig

Fleisch gelblich, bei Verletzung des Fruchtkörpers bräunend; weich; Stiel längsfaserig

Geruch / Geschmack angenehm / säuerlich

Giftig

Vorkommen Juni bis November; sehr häufig; in Laub- und Nadelwäldern, in Parks und im Garten; Mykorrhizapilz unter Birken

Sonstiges erst seit wenigen Jahren bekannt, dass er das Paxillus-Syndrom verursacht (siehe Seite 14f.)

Verwechslungen braune Milchlinge (sondern bei Verletzung Flüssigkeit ab), Trichterlinge (weiße Sporen)

Wert kein Speisepilz, giftig! Wird in älteren Büchern noch als Speisepilz bezeichnet; Verkauf seit Jahren in Deutschland verboten

Pfifferling *(Cantharellus cibarius)*

Sonstige Namen Eierschwamm, Rehling, Gelbschwammerl, Nagerl, Reherl, Rilling, Zechling

Hutoberseite ei- bis orangegelb, im Alter ausblassend; glatt; jung gewölbt, später flach mit unregelmäßig gelapptem Rand; bis zu 10 Zentimeter breit

Hutunterseite Leisten; dicklich, gegabelt; wie der Hut gefärbt; am Stiel herablaufend

Sporenfarbe gelblich

Stiel wie der Hut gefärbt; kurz, dick, fest

Fleisch blassgelb; im Hut brüchig; Stiel faserig

Geruch / Geschmack obstartig / mild bis leicht scharf

Vorkommen Juni bis November; selten werdend; gern im Moos, im Laub- und Nadelwald; Myrkorrhizapilz

Sehr guter Speisepilz; teilgeschützt

Sonstiges Rückgang des Pfifferlings vorwiegend auf die Stickstoffbelastung der Böden zurückzuführen; in wenig belasteten Gebieten (z. B. Zentralalpen, Osteuropa) trotz intensiven Sammelns kein Rückgang der Art; als Handelspilz ist der Pfifferling radioaktiv nicht unbelastet (je nach Herkunft).

Verwechslungen Falscher Pfifferling (Seite 41), südlich der Alpen auch Ölbaumtrichterling (eng stehende dünne Lamellen)

Wert sehr guter Speisepilz; nicht roh verwenden

Falscher Pfifferling *(Hygrophoropsis aurantiaca)*

Sonstiger Name Falscher Eierschwamm

Hutoberseite jung leuchtend orange, alt ausblassend; fein-filzig, glatt werdend; Rand jung eingerollt, später abflachend bis trichterförmig; bis zu 8 Zentimeter breit

Hutunterseite Lamellen (keine Leisten wie der Pfifferling); intensiver als der Hut gefärbt; am Stiel herablaufend, zum Rand gegabelt, Lamellen sehr weich

Sporenfarbe weiß-gelblich

Stiel orange; kurz und dünn; zusammendrückbar; sich zur Basis hin verjüngend

Fleisch orange, biegsam, weich und zäh (Fleisch des echten Pfifferlings hingegen fest)

Geruch / Geschmack unbedeutend / leicht säuerlich

Ungenießbar; radioaktiv hochbelastet

Vorkommen August bis November; häufig; auf dem Boden und auf sehr morschem Nadelholz; im Nadelwald; Saprophyt

Sonstiges radioaktiv hoch belastet

Verwechslungen Pfifferling (Seite 40), Milchlinge (sondern bei Verletzung des Fruchtkörpers eine Flüssigkeit ab)

Wert kann nicht als Speisepilz empfohlen werden, da heftige individuelle Unverträglichkeiten auftreten (Brechdurchfälle; Magen-Darm-Störungen)

Milchbrätling *(Lactarius volemus)*

Sonstige Namen Brätling, Bratling

Hutoberseite gelblich rotbraun, orangebraun; matt samtig; jung halbkugelig gewölbt mit eingerolltem Rand, später flach

und in der Mitte vertieft; bis zu 10 Zentimeter breit

Hutunterseite Lamellen; gedrängt, leicht herablaufend; zum Hutrand oft gegabelt; blassgelb, bei Verletzung braunfleckig

Sporenfarbe weißlich

Stiel wie der Hut orange-bräunlich, doch oft heller; glatt; zylindrisch bis bauchig; faserig

Fleisch weißlich; bei Verletzung reichlich weiße Milch absondernd, sich bräunlich verfärbend

Guter Speisepilz

Geruch / Geschmack leicht nach Hering oder Krebsen / mild

Vorkommen Juni bis Oktober; Laubwald und Nadelwald; bevorzugt Kalk- und Lehmböden; ist in den letzten Jahren selten geworden

Sonstiges bei Verletzungen reichlich Milchfluss, der klebrig bräunlich eintrocknet;

schmeckt sehr mild; Geruch verliert sich beim Braten

Verwechslungen keine mit Giftpilzen; Rotbrauner Milchling (scharf; Seite 43)

Wert guter Speisepilz, dessen Hut sich besonders gut zum Braten eignet

Rotbrauner Milchling *(Lactarius rufus)*

Sonstiger Name Paprikapilz

Hutoberseite rotbraun; matt bis schwach bereift; jung halbkugelig, alt leicht trichterförmig, meist mit Buckel; bis zu 8 Zentimeter breit

Hutunterseite Lamellen; gerade angewachsen; cremefarben bis blass rotbraun

Sporenfarbe weißlich

Stiel meist etwas heller als der Hut gefärbt; schlank; brüchig

Fleisch weißlich; brüchig; bei Verletzung weiße, scharfe Milch absondernd

Geruch / Geschmack leicht harzig / sehr scharf (nach ein paar Sekunden)

Vorkommen Juni bis Oktober; gern auf saurem Boden; meist im Nadelwald, besonders bei Kiefern, seltener im Laubwald; Mykorrhizapilz

Ungenießbar; radioaktiv hochbelastet

Sonstiges Trotz seines sehr scharfen Geschmacks wird der Rotbraune Milchling in Osteuropa als Speisepilz genutzt; durch stundenlanges Wässern und anschließendes langes Abkochen vergeht die Schärfe; allerdings ist vom Verzehr aufgrund der sehr hohen radioaktiven Belastung abzuraten

Verwechslungen mit anderen braunen Milchlingen, die meist ebenfalls ungenießbar sind

Wert ungenießbar

Edelreizker *(Lactarius deliciosus)*

Sonstiger Name Echter Reizker

Hutoberseite hell, orangeocker, orangefuchsig, fast cremefarben, mit dunkleren Ringen; alt bis zu grünfleckig; gewölbt, mit eingerolltem Rand, dann flach mit vertiefter Mitte; bis zu 12 Zentimeter breit

Guter Speisepilz

Hutunterseite Lamellen; blass orangegelb; gerade angewachsen; gedrängt; bei Verletzung sich langsam grün verfärbend

Milch karotten- bis mennigerot, später graugrün

Sporenfarbe cremefarben

Stiel blassorange bis ziegelrötlich, verletzt sich dunkelgrün verfärbend mit orangeroten Flecken; zylindrisch

Fleisch blassorange; fest, alt brüchig

Geruch / Geschmack süßlich obstartig / mild

Vorkommen Juli bis Oktober; unter Kiefern; bevorzugt kalkhaltige Böden

Sonstiges mehrere Arten mit unterschiedlich gefärbtem Hut und orangefarbener bis rotweinroter Milch sind essbar

Verwechslungen eventuell mit Birkenreizker (Seite 45); Blutreizker (L. sanguifluus), Fichtenreizker (L. deterrimus), Lachsreizker (L. salmonicolor) sind essbar

Wert guter Speisepilz, vor allem zum Braten geeignet

Birkenreizker *(Lactarius torminosus)*

Sonstige Namen Birkenmilchling, Zottiger Reizker, Giftreizker

Hutoberseite lachsfarben bis rosa; mit dunkleren kreisförmigen Zeichnungen; erst gewölbt, dann abgeflacht, mit vertiefter Mitte; Oberfläche filzig, jung Rand eingerollt; bis zu 14 Zentimeter breit

Hutunterseite Lamellen; blass fleischfarben bis rosa; gedrängt stehend; mit vielen Zwischenlamellen; leicht herablaufend am Stiel gegabelt

Milch weiß (beim Edelreizker karotten- bis mennigerot); brennend scharf

Sporenfarbe hellgelb, cremefarben

Schwach giftig

Stiel Fleischfarben bis rostig; zylindrisch; brüchig

Fleisch blass weißlich bis rosa-bräunlich; fest

Geruch / Geschmack obstartig / sehr scharf

Vorkommen August bis Oktober; unter Birken; auf sauren Böden; gesellig; Mykorrhizapilz der Birke

Sonstiges verursacht bei Genuss schwere Magen-Darm-Koliken

Verwechslungen Blutreizker und Edelreizker (Seite 44), die aber beide nicht weiße, sondern karottenrote Milch absondern, beide Reizkerarten sind essbar

Wert schwach giftig

Frauentäubling *(Russula cyanoxantha)*

Sonstiger Name Blautäubling

Hutoberseite violett bis grün; jung kugelig, später flach bis leicht trichterförmig; bis zu 12 Zentimeter breit

Hutunterseite Lamellen; weiß; untermischt; elastisch

Sporenfarbe weiß

Stiel weiß; dicklich, zylindrisch; brüchig

Fleisch weiß; unter der Huthaut violett; brüchig

Geruch / Geschmack unbedeutend / mild, nussartig

Vorkommen Juni bis Oktober; häufig; im Laubwald; Mykorrhizapilz (Eiche, Buche)

Guter Speisepilz

Sonstiges Mit einiger Übung ist der Frauentäubling recht leicht zu erkennen: an den nicht splitternden Lamellen, wenn man mit dem Finger darüber fährt (bei anderen Täublingen sind die Lamellen brüchig); große farbliche Variationsbreite der Täublinge: von Gelb bis Lila- oliv, je nachdem auf welchem Boden sie wachsen

Verwechslungen mit anderen grünen (z. B. Grasgrüner Täubling, Seite 49) oder violetten Täublingen (Lamellen nicht elastisch)

Wert guter Speisepilz (leider auch für Maden); Pilz des Jahres 1997

Gallentäubling *(Russula fellea)*

Sonstige Namen keine

Hutoberseite gelb bis ocker; feucht schmierig; Rand alt gerieft, jung kugelig, später flach bis leicht trichterförmig; bis zu 8 Zentimeter breit

Hutunterseite Lamellen; cremefarben; brüchig

Sporenfarbe blass cremefarben

Stiel weißlich bis blass ockerfarben; etwas brüchig; zylindrisch

Fleisch von weiß bis cremefarben; brüchig

Geruch / Geschmack süßsauer, obstartig / sehr scharf

Ungenießbar

Vorkommen August bis November; häufig; stellt keine besonderen Ansprüche an die Beschaffenheit des Bodens; im Laubwald; Mykorrhizapilz der Buche

Sonstiges kommt sehr häufig zusammen mit dem ebenfalls als ungenießbar geltenden Ockertäubling (siehe dazu auch unter »Verwechslungen«) vor

Verwechslungen Ockertäubling (Russula ochroleuca; häufig in Nadelwäldern vorkommend, weniger im Laubwald wie der Gallentäubling; schwach giftig)

Wert ungenießbar bis schwach giftig

Rotstieliger Ledertäubling *(Russula olivacea)*

Sonstige Namen keine

Hutoberseite purpur- bis weinrot, sehr wechselhaft; jung meist oliv, später oft mit olivfarbiger Hutmitte; Huthaut matt;

jung kugelig, später abflachend; Rand lange eingebogen; auffallend große Art; bis zu 18 Zentimeter breit

Hutunterseite Lamellen; weiß bis cremefarben; alt ocker; brüchig

Sporenfarbe gelb

Stiel weiß bis rosa, rosarot überhaucht; brüchig; zylindrisch

Fleisch weiß oder gelblich; alt ocker bis lederfarben; sehr trocken; brüchig

Essbar

Geruch / Geschmack
fruchtig / nussartig mild

Vorkommen Juni bis Oktober/November; regional häufig; besonders auf besseren Böden; im Laubwald; vor allem bei Eiche und Buche; Mykorrhizapilz

Sonstiges Hutfarbe sehr veränderlich; das Erkennen erfordert einige Übung; typisch ist der rosa Stiel

Verwechslungen Speitäubling (Russula mairei) und mehrere ähnlich gefärbte, teils ebenfalls milde, teils aber auch sehr scharfe Arten von Täublingen

Wert essbar; aber unbedingt gut kochen!

Grasgrüner Täubling *(Russula aeruginea)*

Sonstiger Name Grasgrüner Birkentäubling

Hutoberseite grasgrün, hellgrün bis weißlich, mit dunklerer Hutmitte; radialfaserig; jung kugelig, dann gewölbt; bis zu 12 Zentimeter breit

Hutunterseite Lamellen; jung weiß, alt creme- bis ockerfarben; elastisch, nicht brüchig (ist zusammen mit dem Frauentäubling die Ausnahme, alle anderen Täublinge haben hingegen brüchige Lamellen)

Sporenfarbe cremefarben

Stiel weiß; Basis häufig rostfleckig und zugespitzt; brüchig; zylindrisch

Fleisch weiß; brüchig

In kleinen Mengen essbar

Geruch / Geschmack mild bis leicht pfeffrig

Vorkommen Juli bis September; häufig auf saurem Boden; im Laub-, seltener im Nadelwald; gern bei Birke oder Fichte; Mykorrhizapilz

Sonstiges Der Grasgrüne Täubling führt bei rohem Genuss zu starkem Erbrechen

Verwechslungen Grüner Knollenblätterpilz (knollige Stielbasis mit häutiger Scheide, Seite 50), Frauentäubling (Seite 46)

Wert essbar, sollte daher nur in kleinsten Mengen als Mischpilz verwendet werden; individuelle Unverträglichkeiten bekannt

Grüner Knollenblätterpilz *(Amanita phalloides)*

Sonstige Namen Grüner Giftwulstling, Giftchampignon, Grüner Schierlingsschwamm

Hutoberseite grün, gelblich grün, goldbraun oder oliv; radi-

alfaserig; zum Teil mit weißen Flocken; jung eiförmig und von weißer Hülle umgeben, die später aufreißt; Hut dann gewölbt; alt flach; bis zu 15 Zentimeter breit

Hutunterseite Lamellen; weiß; frei

Sporenfarbe weiß

Stiel weißlich bis grünlich genattert; schlank, mit weißem Ring (kann auch zerrissen am Hutrand hängen); Basis mit Knolle und großer häutiger Scheide (meist in Laub oder Erde verborgen)

Fleisch weiß; unter Huthaut gelblich oliv

Tödlich giftig

Geruch / Geschmack jung angenehm, alt widerlich süß / nussig (nicht versuchen!)

Vorkommen Juni bis November; nicht in höheren Lagen; oft im Laub- oder Mischwald

Sonstiges 50 Gramm (ein mittlerer Fruchtkörper) be-

wirken tödliche Vergiftung

Verwechslungen Grasgrüner Täubling (Seite 49), Scheidenstreiflinge (kein Ring), Gelber Knollenblätterpilz (Geruch nach Kartoffelkeller), jung mit Bovisten (keine grüne Linie unter Oberfläche)

Wert tödlich giftig!

Kegelhütiger Knollenblätterpilz *(Amanita virosa)*

Sonstige Namen Spitzhütiger Knollenblätterpilz, Weißer Knollenblätterpilz, Kegeliger Wulstling

Hutoberseite weiß schmierig; alt gilbend und glänzend, jung eiförmig in Schutzhülle; aufreißend; alt konvex; bis zu 9 Zentimeter breit

Hutunterseite Lamellen; frei; sind immer weiß (bei Champignons sind die Lamellen getönt); jung durch Velum bedeckt

Sporenfarbe weiß

Stiel weiß; stark weißschuppig; seidig glänzend; schlank; längsfaserig; Basis mit typischer Knolle in großer, oft anliegender Scheide (wichtiges Unterscheidungskriterium!); Ring flüchtig

Fleisch weiß

Tödlich giftig

Geruch / Geschmack unangenehm / nicht versuchen!

Vorkommen Juni bis September; auf saurem Boden; meist im Nadel-, selten im Laubwald; Mykorrhizapilz

Sonstiges Ein anderer weißer Knollenblätterpilz ist der tödlich giftige Frühlings-Knollenblätterpilz, eine weiße Form des Grünen Knollenblätterpilzes; auch der Gelbe Knollenblätterpilz ist tödlich giftig

Verwechslungen Schafchampignon (Seite 76), Wiesenchampignon (Seite 78)

Wert tödlich giftig!

Gelber Knollenblätterpilz *(Amanita citrina)*

Sonstiger Name Gelblicher Knollenblätterpilz
Hutoberseite blassgelb, zitronengelb, teils mit grünlichem Schimmer; flächige weißliche, klebrige Flocken; jung eiförmig

in weißer Hülle; aufreißend; Hut dann gewölbt, später flach; Hutrand ungerieft; bis zu 8 Zentimeter breit
Hutunterseite Lamellen; jung von Velum geschützt und somit nicht sichtbar, frei; weiß
Sporenfarbe weiß
Stiel Farbe wie Hut; blass gelblich genattert; schlank; mit Ring; Basis mit Knolle in undeutlicher Scheide; watteartig umrandet; Knolle scharf vom Stil abgegrenzt
Fleisch weiß; weich
Geruch / Geschmack nach Kartoffelkeller; im Herbst meist ohne Geruch / eher unangenehm

Giftig

Vorkommen Juli bis November; häufig auf saurem Boden; gern auf Sand; im Laub- und Nadelwald; Mykorrhizapilz
Sonstiges wird oft für den Grünen Knollenblätterpilz gehalten; der Gelbe Knollenblätterpilz tritt auch in rein weißer Form auf
Verwechslungen Wiesenchampignon (Seite 78), Grüner Knollenblätterpilz (Seite 50) und Kegelhütiger Knollenblätterpilz (Seite 51)
Wert schwach giftig

Fliegenpilz *(Amanita muscaria)*

Sonstige Namen keine

Hutoberseite rot, orange oder gelblich; glänzend; mit weißen Flocken; alt oder nach Regen auch fehlend, jung eiförmig in Hülle; aufreißend; dann gewölbt bis flach; alt Hutrand gerieft; bis zu 15 Zentimeter breit

Hutunterseite Lamellen; jung von Velum bedeckt; frei; weiß

Sporenfarbe weiß

Stiel weiß; schlank; mit weißem Ring; Basis mit schuppiger Knolle

Fleisch weiß; gelborangefarbene Linie unter der Huthaut

Geruch / Geschmack unbedeutend / mild

Vorkommen August bis November; in Laub- und Nadelwald; Mykorrhizapilz; im Flachland meist bei Birken, in höheren Lagen bei Fichten

 Giftig

Sonstiges Der Verzehr von Fliegenpilzen löst Rauschzustände und Halluzinationen (so genanntes Fliegenpilzsyndrom, siehe Special Seite 16f.) aus; verursacht wird dieses Vergiftungssyndrom vor allem durch drei Substanzen: Muscinol, Muscazon und Ibotensäure

Verwechslungen Kaiserling (Wärme liebend, ohne Flocken), jung mit Stäublingen (keine orange Linie unter der Oberfläche; Seite 84ff.)

Wert giftig

Perlpilz *(Amanita rubescens)*

Sonstige Namen Rötender Wulstling, Perlwulstling, Schälpilz

Hutoberseite Fleisch rosa bis rotbraun, auch gelblich oder

grau, aber immer mit Rotton; mit grau-rosa abwischbaren Velumflocken; Huthaut leicht abziehbar; jung kugelig; von weißer Hülle umgeben; später gewölbt, alt flach; bis zu 15 Zentimeter breit

Hutunterseite Lamellen; jung von Velum geschützt; frei; weiß; alt rotfleckig

Sporenfarbe weiß

Stiel an der Spitze weiß, zur Basis rötlich, alt bräunlich; schlank oder kräftig; mit gerieftem Ring

Fleisch weiß; bei Verletzung rötend (Madenfraßgänge); unter der Huthaut rosa

Guter Speisepilz; roh stark giftig

Geruch / Geschmack unbedeutend / etwas kratzend

Vorkommen Juni bis Oktober; häufig; im Laub- und Nadelwald; Mykorrhizapilz

Sonstiges nur für Sammler mit Erfahrung geeignet, da die Verwechslungsgefahr mit giftigen Verwandten groß ist

Verwechslungen Pantherpilz (Seite 55), Gelber Knollenblätterpilz (Seite 52), Grauer Wulstling (ohne Rot- bzw. Rosatöne), Brauner Fliegenpilz

Wert essbar, guter Geschmack; unbedingt gut erhitzen; roh stark giftig

Pantherpilz *(Amanita pantherina)*

Sonstige Namen Pantherwulstling, Paddenstuhl, Kröten-stuhl

Hutoberseite hell- bis dunkelbraun mit weißen Spitzen; ab-wischbare Flocken; Rand meist gerieft; jung kugelig; von Velum umgeben; alt flach; bis zu 10 Zentimeter breit

Hutunterseite Lamellen; jung durch Velum geschützt; frei; weiß

Sporenfarbe weiß

Stiel weiß; schlank mit ungerieftem Ring; Basis mit Knolle und angewachse-ner Scheide; Söckchen; auch bei ausge-breitetem Hut noch auffallend weiße Hüllreste vorhanden

Fleisch weiß; nicht verfärbend

Geruch / Geschmack rettichartig / süßlich

Giftig

Vorkommen Juli bis Okto-ber; lückenhaft verbreitet; gern auf Sand; im Laub- und Nadelwald; Mykorrhizapilz (Eiche)

Sonstiges enthält ähnliche Nervengifte wie der Fliegen-pilz (Seite 53), die zum Tod führen können

Verwechslungen Perlpilz (keine rein weißen Flocken auf dem Hut, Seite 54), Grauer Wulstling (Ring gerieft), jung mit Stäublingen (im Längs-schnitt keine Innenstruktu-ren sichtbar; Seite 84ff.)

Wert giftig, unter Umstän-den tödlich

Parasolpilz *(Macrolepiota procera)*

Sonstige Namen Riesenschirmling, Riesenschirmpilz, Großer Schirmling

Hutoberseite weißlicher Grund mit kreisförmig angeordne-

ten wolligen Schuppen; Mitte dunkelbraun und glatt; jung dunkelbraun; in Form eines Paukenschlegels; später glockenförmig, alt flach; bis zu 30 Zentimeter breit

Hutunterseite Lamellen; jung von Velum bedeckt; weiß; frei; dicht stehend

Sporenfarbe weiß

Stiel Spitze weiß; unter dem Ring braungrau genattert; Basis mit Knolle; Ring im Alter verschiebbar (nicht fest wie bei ungenießbaren Schirmlingen)

Fleisch weiß; im Stiel zäh

Geruch / Geschmack angenehm / nussartig

Guter Speisepilz

Vorkommen Juli bis Oktober; häufig; im Laubwald, an Wegrändern, in Parks, auf Wiesen, selten im Nadelwald; Saprophyt

Sonstiges Für Riesenschirmlinge ist der frei bewegliche Ring typisch, bei anderen Schirmlingen ist der Ring fest verwachsen

Verwechslungen Safranschirmling (Seite 57), Spitzschuppiger Schirmling (Seite 79), Giftiger Riesenschirmling (Fleisch rötend, auf Kompost)

Wert guter Speisepilz, roh unbekömmlich, Stiele zäh; daher nur Hüte verwenden

Safranschirmling *(Macrolepiota rhacodes; M. rachodes)*
Sonstiger Name Rötender Schirmling
Hutoberseite weißlicher Grund mit bräunlichen, kreisförmig angeordneten Schuppen; Hutmitte braun; jung braun in Paukenschlegelform, alt flach; bis zu 15 Zentimeter breit

Hutunterseite Lamellen; weiß; auf Druck rötend; frei; jung von Velum bedeckt
Sporenfarbe weiß
Stiel hellgraubraun, im Alter dunkler werdend; glatt (nicht genattert); bei Verletzung rötlich; lang und schlank mit verschiebbarem Ring (im Gegensatz zu kleineren, ungenießbaren Schirmlingen), Basis mit Knolle
Fleisch weiß; bei Verletzung rötlich
Geruch / Geschmack unbedeutend / mild

Essbar; roh ungenießbar

Vorkommen Juli bis November; häufig; meist im Nadelwald bei Fichte; Saprophyt
Sonstiges Gartenform (Macrolepiota rhacodes var. hortensis); dunkler; wächst vor allem auf Kompost; Genuss kann zu Vergiftungserscheinungen führen

Verwechslungen Gartenform (vermutlich giftig), Parasolpilz (Seite 56), Spitzschuppiger Schirmling (Seite 79), kleinere Schirmlinge (giftig; Ring nicht verschiebbar)
Wert essbar; roh ungenießbar

Hallimasch *(Armillaria mellea)*

Sonstige Namen Halamarsch, Michaelischwamm, Hecken-schwamm, Honigpilz

Hutoberseite gelblich bis bräunlich mit abwischbaren dunklen Schuppen; jung kugelig, alt flach bis gewellt; bis zu 12 Zentimeter breit

Hutunterseite Lamellen; blass bräunlich; jung durch weißliches Velum bedeckt; gerade bis leicht herablaufend

Sporenfarbe weiß

Stiel wie Hut gefärbt; weißer, dicht unter dem Hut sitzender Ring; meist schlank

Fleisch weißlich; fest; im Stiel zäh

*Essbar;
roh giftig*

Geruch / Geschmack nach Pilzen / kratzend

Vorkommen September bis Dezember; sehr häufig; in Büscheln auf Laub- und Nadelholz; Parasit und Saprophyt

Sonstiges mehrere Arten mit Farbvarianten (Hut, Schuppen); auf Laubholz wachsende Fruchtkörper

sollen leicht giftig sein

Verwechslungen Sparriger Schüppling (Seite 59), Gifthäubling (Seite 73), Schwefelköpfe (Seite 74f.), Hautköpfe, Waldfreundrübling (ist essbar, helle Lamellen)

Wert essbar; nicht jedem bekömmlich; roh giftig; abkochen (Wasser wegschütten)!

Sparriger Schüppling *(Pholiota squarrosa)*

Sonstige Namen keine

Hutoberseite honiggelb bis orangebraun; mit fest verwachsenen (nicht abwischbaren), braunen, sparrig abstehenden Schuppen (daher der Name!); jung kegelförmig, alt gewölbt, bis zu 10 Zentimeter breit

Hutunterseite Lamellen; jung blass gelblich; durch schleierartiges Velum verdeckt; alt rostbraun; gerade angewachsen bis leicht herablaufend

Sporenfarbe rostbraun

Stiel Spitze gelb; unter der Ringzone hellbraun mit braunen sparrigen Schuppen; Ringzone durch Sporen braun

Ungenießbar

Fleisch gelblich, zäh

Geruch / Geschmack retticartig / ziemlich bitter

Vorkommen September bis November; häufig; in Büscheln meist an Nadel- und Laubholz; auch an Obstbäumen; Parasit und Saprophyt

Sonstiges ist ein aggressiver Parasit

Verwechslungen Hallimasch (Seite 58); falls nötig, sind beide Pilzarten mit einer Geschmacksprobe gut zu unterscheiden

Wert ungenießbar; der Sparrige Schüppling wird allerdings oft als essbar nach Abkochen beschrieben; man sollte aber auf ihn verzichten

Maipilz *(Calocybe gambosa)*

Sonstige Namen Georgsritterling, Mairitterling
Hutoberseite meist weiß, auch cremefarben bis ocker; jung halbkugelig, später flach, alt gewellt; Rand eingerollt; bis zu

15 Zentimeter breit
Hutunterseite Lamellen; weißlich bis cremefarben; gedrängt; gerade oder ausgebuchtet angewachsen
Sporenfarbe weiß
Stiel weiß (verfärbt sich auch im Alter nie rötlich); fest; zylindrisch
Fleisch weiß; fest
Geruch / Geschmack mehlig / aromatisch mild

Guter Speisepilz

Vorkommen April bis Juni; weit verbreitet; in grasigem Laubwald, Parks, im Gebüsch am Wegrand; gesellig; Mykorrhizapilz
Sonstiges gehört zur Gruppe der Ritterlinge, ist einer der ersten Pilze, die im Frühjahr erscheinen (tritt in Italien im Herbst nochmals auf); wächst in Form eines Hexenrings (Kreisform)
Verwechslungen Ziegelroter Risspilz (Seite 61), Riesenrötling (Seite 65)
Wert Speisepilz; sehr intensiver süßlicher Geschmack, das Aroma kann durch kräftiges Würzen oder Braten gemindert werden

Ziegelroter Risspilz *(Inocybe erubescens; I. patouillardii)*
Sonstige Namen Mairispilz, Ziegelroter Faserkopf
Hutoberseite jung weiß, seidig, glänzend; radialfaserig; auf Druck und im Alter rötend; Hut im Alter ziegelrot; jung glockig, alt flach; Rand radial einreißend; bis zu 8 Zentimeter breit

Hutunterseite Lamellen; jung weiß, alt bräunlich; gerade bis ausgebuchtet angewachsen
Sporenfarbe braun
Stiel jung weiß; auf Druck und im Alter rot verfärbend
Fleisch weiß; rötend; Hutfleisch dünn

Sehr giftig

Geruch / Geschmack jung obstartig, alt unangenehm / bitter
Vorkommen Mai bis Juli; Kalk liebend, wächst aber nicht nur auf Kalkböden; in Laubwald und Parks; Mykorrhizapilz
Sonstiges Viele Risspilze (typisch ist bei einem Großteil der Arten der radial einreißende Hut) gelten als giftig; sie enthalten Muscarin (siehe Special Seite 16f.), das in sehr hohen Dosen zum Tod führen kann
Verwechslungen besonders im Jungstadium mit dem Maipilz (Seite 60)
Wert sehr giftig

Grünling *(Tricholoma equestre; T. flavovirens)*

Sonstige Namen Echter Ritterling, Goldreizker, Grünreizker

Hutoberseite grüngelber bis grünbrauner Grund; klein geschuppt; jung halbkugelig bis glockig, später ausgebreitet; sehr schmierig, oft von Sand bedeckt; bis zu 10 Zentimeter breit

Hutunterseite Lamellen; gelbgrün; dicht stehend; am Stiel ausgebuchtet

Sporenfarbe weiß

Stiel hellgelb bis grüngelb; zylindrisch, auch keulig; voll; glatt

Fleisch gelblich weißlich; weich; im Stiel faserig

Geruch / Geschmack mehlartig (Schwefelritterling stinkt hingegen) / mild

Geschützt; radioaktiv hoch belastet

Vorkommen Ende September bis November; in Kiefernwäldern; der Grünling bevorzugt sandige Böden; auch am Waldrand; gesellig

Sonstiges kommt nicht mehr allzu häufig vor, ist deshalb geschützt und darf nicht gesammelt werden!

Verwechslungen mit ähnlich aussehenden essbaren Grünlingsarten, Schwefelritterling (Geruch ist wichtiges Unterscheidungsmerkmal, Seite 63) und anderen, übel riechenden Ritterlingsarten

Wert radioaktiv hoch belastet

Schwefelritterling *(Tricholoma sulphureum)*
Sonstige Namen keine
Hutoberseite schwefelgelb bis gelbbraun; in der Mitte auch fuchsig; jung halbkugelig, bald ausgebreitet oder trichterför-mig; Oberfläche matt und trocken (nciht schmierig wie der Grünling); scharfer Rand; bis zu 8 Zentimeter breit

Hutunterseite Lamellen; schwefelgelb, dick; weit aus-einander stehend; ausge-buchtet
Sporenfarbe weiß
Stiel gelb, mit rötlichen Längsfasern; zylindrisch, auch keulig dick; jung voll, später hohl
Fleisch schwefelgelb-grün-lich; fest

*Ungenießbar
bis schwach
giftig*

Geruch / Geschmack sehr unangenehm nach Schwefel/ mild
Vorkommen Juli bis Okto-ber; in Laub- und Nadelwäl-dern; weit verbreitet
Sonstiges nur schwach gif-tig, verursacht aber Magen-Darm-Beschwerden

Verwechslungen Grünling (Geruch angenehm mehlar-tig, Seite 62), Purpurbrauner Schwefelritterling (Tricho-loma bufonium, riecht eben-falls widerlich, ähnlich wie Leuchtgas)
Wert ungenießbar bis schwach giftig

Nebelkappe *(Lepista nebularis)*

Sonstige Namen Graukappe, Grauer Ritter, Nebelgrauer Trichterling

Hutoberseite hell- bis dunkelgrau, oft weißlich bereift (wie

Schimmel); jung gewölbt, später flach, alt trichterförmig; Rand lange eingerollt; bis zu 15 Zentimeter breit

Hutunterseite Lamellen; weißlich bis leicht gelblich; gedrängt stehend; gerade bis herablaufend; leicht vom Hut ablösbar

Sporenfarbe weißlich cremefarben

Stiel blass grau bis mittelgrau; kräftig; zylindrisch; Basis oft verdickt mit weißem Myzelfilz; längsfaserig

Essbar; abkochen

Fleisch weiß; fest

Geruch / Geschmack süßlich seifig / säuerlich

Vorkommen von September bis November; sehr häufig (Massenpilz); in Reihen oder Kreisen; in Laub- oder Nadelwald, im Gebüsch; Saprophyt

Sonstiges typischer großer Massenpilz des Spätherbstes

Verwechslungen Riesenrötling (Seite 65)

Wert essbar, vor der Verarbeitung abkochen (große Mengen können trotzdem Beschwerden verursachen); nicht jedem bekömmlich

Riesenrötling *(Entoloma sinuatum)*

Sonstige Namen Giftrötling, Bleicher Rötling, Leichenfarbiger Rötling

Hutoberseite cremeweiß bis grau-bräunlich; leicht radialfaserig; seidig glänzend; jung halbkugelig, später gewölbt; Hutrand lange eingerollt; bis zu 15 Zentimeter breit

Hutunterseite Lamellen; jung weißlich mit gelbem Schein, alt lachsrosa; ausgebuchtet bis gerade angewachsen; nicht gedrängt stehend; nicht vom Hut ablösbar

Sporenfarbe rosabraun

Stiel weißlich; kräftig; zylindrisch; Basis mit Myzelfilz

Fleisch weiß; fest; im Stiel längsfaserig

Sehr giftig

Geruch / Geschmack mehlig, nicht süßlich / mild

Vorkommen Juli bis September; in Norddeutschland selten; Kalk liebend; gern auf Lehmboden; gesellig in Reihen oder Kreisen; meist im Laubwald, bei Buchen; Mykorrhizapilz

Sonstiges in Frankreich stärker verbreitet; führt dort häufiger zu Vergiftungen; soll gut schmecken; nach kurzer Latenzzeit Brechdurchfälle

Verwechslungen Nebelkappe (Seite 64), Maipilz (Seite 60)

Wert sehr giftig

Violetter Rötelritterling *(Lepista nuda)*

Sonstige Namen Violetter Ritterling, Nackter Ritterling
Hutoberseite violett, rosaviolett bis braunviclett, alt bräunlich; glatt; feucht glänzend; jung kugelig, später flach bis leicht trichterförmig; Rand eingerollt; bis zu 15 Zentimeter breit

Hutunterseite Lamellen; jung violett, alt gräulich violett (nicht bräunlich wie beim giftigen Lila Dickfuß); gedrängt; ausgebuchtet bis leicht herablaufend
Sporenfarbe leicht rosa
Stiel violett; fein flockig; kräftig; Basis meist verdickt mit leicht violettem Myzelfilz
Fleisch blass violett; saftig; im Stiel längsfaserig
Geruch / Geschmack aromatisch / süßlich; mild

Essbar

Vorkommen September bis Dezember; gelegentlich auch im Frühjahr; häufig; gesellig, oft in Reihen oder Kreisen; im Laub- und Nadelwald
Sonstiges roh mit blutzersetzenden Stoffen; gekocht blutdrucksenkend; auch als Zuchtpilz erhältlich; leicht aus Myzel auf Humus selbst zu ziehen
Verwechslungen Lila Lacktrichterling (Laccaria amethystina), Lila Dickfuß (Cortinarius traganus; Lamellen sind rostbraun, nie lila!)
Wert essbar; Unverträglichkeiten sind möglich

Horngrauer Rübling *(Collybia butyracea var. asema)*

Sonstiger Name Grauer Butterrübling

Hutoberseite horngrau-bräunlich, mitunter fast schwarz; Mitte dunkler, Rand hell; glatt; glänzend; leicht schmierig (Butter); jung halbkugelig, alt flach; bis zu 6 Zentimeter breit

Hutunterseite Lamellen; blass weißlich

Sporenfarbe weiß

Stiel grau-bräunlich, etwas heller als der Hut; knorpelig zäh; längsstreifig; schlank

Fleisch weißlich; wässrig; dünn

Geruch / Geschmack unbedeutend / mild

Vorkommen Juli bis November; sehr häufig gesellig; im Laub- und Nadelwald; Saprophyt

Essbar

Sonstiges Der Hut des Kastanienroten Rüblings (Collybia butyracea) ist satt rotbraun gefärbt

Verwechslungen Keulenfußtrichterling (Clitocybe clavipes; hat eine aufgeblasene Stielbasis, herablaufende Lamellen und einen süßlichen, zimtartigen Geruch), Kastanienroter Rübling (essbar)

Wert essbar, gilt aber als minderwertig, da die Stiele zu zäh sind; am besten nur die Hüte zu verwenden; nicht sehr ergiebig, eignet sich als Mischpilz; Gleiches gilt für den Kastanienroten Rübling

Grüner Anistrichterling *(Clitocybe odora)*

Sonstige Namen keine

Hutoberseite türkisgrün, blaugrün, graublau; ausblassend; weißlich bereift; jung glockenförmig, später trichterförmig,

alt gewellt; Hutrand eingerollt; bis zu 8 Zentimeter breit

Hutunterseite Lamellen; gerade angewachsen; gedrängt; blass grünlich

Sporenfarbe weiß

Stiel wie der Hut gefärbt; zäh; schlank; Basis verdickt; mit weißem Myzelfilz

Fleisch blass grünlich; wässrig

Geruch / Geschmack jung intensiv nach Anis / mild-würzig

Vorkommen August bis November; häufig; gesellig; im Laub- und Nadelwald; gern bei Buche oder Fichte, in Nadelstreu; Saprophyt

Essbar

Sonstiges Der intensive Anisgeruch bleibt auch nach der Verarbeitung erhalten; kann durch vorheriges Abkochen nur etwas gemindert werden; ausgebleichte Exemplare nicht sammeln wegen der Verwechslungsgefahr mit giftigen Trichterlingen

Verwechslungen Grünspanträuschling, mit weiß gefärbten Trichterlingen, von denen einige sehr giftig sind, sowie mit dem Grünen Knollenblätterpilz (Seite 50)

Wert essbar, aber der Anisgeschmack ist nicht jedermanns Sache

Weißer Trichterling *(Clitocybe dealbata)*

Sonstige Namen Feldtrichterling, Weißer Gifttrichterling

Hutoberseite weißlich bis horngrau (nicht blaugrün oder türkisgrün wie der essbare Grüne Anistrichterling), zum Teil weißlich bereift; jung gewölbt, später flach bis trichterförmig und wellig; bis zu 8 Zentimeter breit

Hutunterseite Lamellen; herablaufend; weißlich

Sporenfarbe weiß

Stiel weißlich bis blass grau; schlank; Basis leicht verdickt; oft mit Myzelfilz; ohne Ring

Fleisch weißlich; meist wässrig; am Hutrand dünn

Geruch / Geschmack leicht nach Anis (nicht so stark wie der Grüne Anistrichterling) / schwach mehlig

Tödlich giftig

Vorkommen September bis November; häufig; im Laub- und Nadelwald; tritt auch in großen Mengen außerhalb von Wäldern im Gras auf, entlang von Wegen; Saprophyt

Sonstiges Es gibt diverse Arten kleiner weißer Trichterlinge, die dem Weißen Trichterling sehr ähnlich sehen und genauso sehr giftig sind: Bleiweißer Trichterling, Dufttrichterling, Ranziger Trichterling

Verwechslungen Grüner Anistrichterling (Seite 68)

Wert tödlich giftig

Austernseitling *(Pleurotus ostreatus)*

Sonstiger Name Austernpilz

Hutoberseite grau-bläulich, grau, gelb-bräunlich; glatt; alt mit weißem Filz, jung Rand eingerollt; halbkreisförmig; seitlich gestielt; Hüte dachziegelartig übereinander sitzend; bis zu 18 Zentimeter breit

Hutunterseite Lamellen; weißlich bis blass gelblich; herablaufend

Sporenfarbe weiß

Stiel weißlich; seitlich am Hut ansitzend; kurz; dick; zäh; Basis zottig

Fleisch weiß; jung weich, alt dick und im Stiel zäh

Geruch / Geschmack würzig / sehr angenehm

Guter Speisepilz

Vorkommen Oktober bis Dezember; oft erst nach den ersten Frösten; in Gruppen an Laubholz (vor allem an Buche); Parasit und Saprophyt

Sonstiges Farben vom Alter des Myzels abhängig; alt gelblich werdend; der gezüchtete Pilz (wird inzwischen weltweit in großen Mengen gezüchtet) ist zarter als der wild wachsende

Verwechslungen keine mit Giftpilzen; Gelbstieliger Muschelseitling, Eichenseitling (ungenießbar, an Eiche, Hut heller und mit Schleierresten)

Wert guter Speisepilz; ältere Exemplare oft sehr zäh

Geflecktblättriger Flämmling *(Gymnopilus penetrans; G. leybridus)*

Sonstiger Name Faserigberingter Flämmling

Hutoberseite intensiv rötlich ocker bis gelb-bräunlich; alt mit rostbraunen Flecken; leicht radialfaserig; glatt, jung kugelig, später abflachend; bis zu 6 Zentimeter breit

Hutunterseite Lamellen; gedrängt; jung gelblich, später gelb, alt mit rostbraunen Flecken

Sporenfarbe bräunlich ocker

Stiel blass gelb, rötlich längs gefasert; schlank

Fleisch blass gelblich; dünn

Ungenieß-bar

Geruch / Geschmack säuerlich / bitter

Vorkommen August bis November; häufig, besonders im Flachland; gesellig bis büschelig an Nadelholz, besonders an Kiefer; Saprophyt

Sonstiges Arten makroskopisch nicht zu unterscheiden, typisch sind die gefleckten Lamellen. Gymnopilus hybridus soll eher im Gebirge vorkommen, Gymnopilus penetrans im Flachland

Verwechslungen Stockschwämmchen (Seite 72), Hallimasch (Seite 58), Schwefelköpfe (Seite 74f.); »Pilzneulinge« vorsichtig sein!

Wert ungenießbar

Stockschwämmchen *(Kuehneromyces mutabilis)*

Sonstige Namen Lippertzgen, Stockschüppling, Laubholzschüppling

Hutoberseite gelbbraun bis zimtfarben, Mitte honiggelb;

Rand braun und hygrophan; bei Trockenheit nur gelb; kahl; glänzend; Hüte dachziegelartig übereinander sitzend; untere Hüte durch Sporen braun gefärbt; jung kugelig, alt flach; bis zu 5 Zentimeter breit

Hutunterseite Lamellen; gerade angewachsen; jung tonfarben; durch Velum bedeckt; alt rostbraun

Sporenfarbe braun

Stiel Stielspitze gelb, zur Basis hin braun mit dunklen Schüppchen; Basis schwärzlich; verholzt; schlank; zäh; mit oft noch sitzendem Ring

Essbar

Fleisch gelblich; dünn; im Stiel zäh

Geruch / Geschmack würzig, nie mehlartig / mild

Vorkommen Mai bis Dezember; häufig; büschelig; in sehr großen Gruppen dachziegelartig auf Laubholz; selten auf Nadelholz; Saprophyt

Sonstiges nicht für Anfänger geeignet!

Verwechslungen Gifthäubling (Seite 73), Schwefelköpfe (Seite 74f.), Gefleckblättriger Flämmling (Seite 71)

Wert guter Speisepilz; nur Hüte verwenden; Stiele zäh

Gifthäubling *(Galerina marginata)*

Sonstige Namen Gesäumter Häubling, Nadelholzhäubling

Hutoberseite honiggelb bis mittelbraun, Mitte gelb, Rand braun; hygrophan; feucht durchscheinend gerieft; bei Trockenheit gänzlich gelbocker; jung kugelig, alt flach; bis zu 4 Zentimeter breit

Hutunterseite Lamellen; gerade angewachsen, jung ockerbraun; alt rostbraun

Sporenfarbe braun

Stiel Spitze gelblich, zur Basis hin dunkelbraun, weißlich silber überfasert; ohne Schüppchen; Basis holzig; schlank; zäh; mit brauner Ringzone

Fleisch ocker-bräunlich; dünn; im Stiel zäh

Geruch / Geschmack mehlig (nicht würzig wie Stockschwämmchen) / mild

 **Tödlich giftig**

Vorkommen August bis Oktober; häufig in Süddeutschland; im Norden seltener; einzeln oder gesellig; häufig in dichtem Rasen, meist an Nadelholz, aber auch an Laubholz; Saprophyt

Sonstiges enthält Amanitine (Gifte des Grünen Knollenblätterpilzes), Todesfälle sind trotzdem selten

Verwechslungen Stockschwämmchen (Seite 72; für den Laien sind beide Arten kaum zu unterscheiden, unbedingt Expertenrat einholen!), Hallimasch (Seite 58)

Wert tödlich giftig

Graublättriger Schwefelkopf *(Hypholoma capnoides)*

Sonstige Namen Rauchblättriger Schwefelkopf, Milder Schwefelkopf

Hutoberseite gelb bis bräunlich ocker; Rand blass; mit Ve-

lumresten; jung weißlich, später dunkelbraun; glatt; jung kugelig, alt flach; bis zu 7 Zentimeter breit

Hutunterseite Lamellen; gerade angewachsen; jung hellgrau, alt grauviolett

Sporenfarbe schwarzbraun

Stiel Spitze blass gelblich, Basis braun; schlank; zerbrechlich; jung mit faseriger Ringzone; alt zäh

Essbar

Fleisch weißlich; dünn

Geruch / Geschmack unbedeutend / mild

Vorkommen Januar bis Dezember; häufig; büschelig an totem Nadelholz; Saprophyt

Sonstiges Unterscheidung vom giftigen Grünblättrigen Schwefelkopf ist für den Anfänger ohne Erfahrung äußerst schwierig, daher sollte man ihn unbedingt stehen lassen!

Verwechslungen Grünblättriger Schwefelkopf (Seite 75), Ziegelroter Schwefelkopf

Wert ohne Stiele ein aromatischer Speisepilz, aber Geschmackssache

Grünblättriger Schwefelkopf (*Hypholoma fasciculare*)

Sonstige Namen keine

Hutoberseite Mitte ocker-gelblich, Rand gelb-grünlich; jung mit gelben, alt mit schwärzlichen Velumresten; jung glockig, alt flach; Hüte dachziegelartig übereinander sitzend; bis zu 7 Zentimeter breit

Hutunterseite Lamellen; gerade bis leicht ausgebuchtet; jung gelblich grün (nicht hellgrau wie beim Graublättrigen Schwefelkopf); durch Velum verdeckt; später graugrün (nicht grauviolett)

Sporenfarbe dunkelbraun bis purpurschwarz

Giftig

Stiel gelblich grün; schlank; zerbrechlich; mit Ringzone; durch Sporen schwärzlich gefärbt

Fleisch gelb; dünn

Geruch / Geschmack unangenehm / sehr bitter

Vorkommen April bis Dezember; sehr häufig; meist auf Laubholz; Saprophyt

Sonstiges Wegen der extremen Bitterkeit sind Vergiftungen selten; trotzdem sollten Anfänger ganz besonders vorsichtig sein!

Verwechslungen Graublättriger Schwefelkopf (Seite 74), Stockschwämmchen (Seite 72)

Wert giftig

Schafchampignon *(Agaricus arvensis)*

Sonstige Namen Weißer Anisegerling, Anischampignon, Guckemucke

Hutoberseite weiß; fein schuppig; jung kugelig, später gewölbt; Huthaut abziehbar; gilbend; bis zu 15 Zentimeter breit

Guter Speisepilz

Hutunterseite Lamellen; frei; jung rosa, von Velum bedeckt, später braun, alt schwärzlich purpur

Sporenfarbe braunschwarz

Stiel weiß; glatt bis fein schuppig; schlank oder kräftig; zylindrisch; mit häutigem Ring; Basis leicht knollig

Fleisch weiß; leicht gilbend; im Stielgrund alt ocker

Geruch / Geschmack nach Anis / mild

Vorkommen Juni bis Oktober; auf Wiesen, an Weg- und Waldrändern sowie in Gärten, gern auch auf gedüngtem Boden; Saprophyt

Sonstiges Lamellen der Champignons nie weiß, sondern schon jung leicht rosa oder grau, später braun, alt schwarz; einige Arten, wie dieser Champignon, reichern Schwermetalle an

Verwechslungen Karbolegerling (Seite 77; giftig), Kegelhütiger Knollenblätterpilz (Seite 51); Stadtchampignon (essbar, doppelter Ring)

Wert guter Speisepilz

Karbolegerling *(Agaricus xanthoderma)*

Sonstige Namen Giftegerling, Weißer Giftchampignon, Karbolchampignon

Hutoberseite grau-weißlich, kalkweiß, bei Verletzung sich vorübergehend gelblich färbend; glatt; kahl; jung halbkugelig, dann glockig bis ausgebreitet

Hutunterseite Lamellen; Fleisch rosa bis dunkelbraun; frei; schmal

Sporenfarbe violettschwarz

Stiel weißlich; kahl; oft glänzend; zylindrisch; Ring, lässt sich nach oben abziehen; zur Basis hin oft knollig; beim Anschnitt verfärbt sich die Stielknolle chromgelb

 Giftig

Fleisch weißlich; dünn; im Schnitt nur in der Stielknolle gelb färbend

Geruch / Geschmack jung nach Tinte, später mehr nach Karbolsäure

Vorkommen Juli bis Oktober; in Wäldern, Gärten, Parkanlagen und auch auf Wiesen

Sonstiges oft in der Nähe von Wiesenchampignons anzutreffen

Verwechslungen mit den meisten essbaren Champignons, vor allem mit dem Wiesenchampignon (angenehmer Geruch, Seite 78)

Wert giftig, löst heftiges Erbrechen aus

Wiesenchampignon *(Agaricus campestris)*

Sonstige Namen Feldegerling, Angerling, Lohtäuberl, Feldchampignon, Brachschwamm, Erdgürtel

Hutoberseite reinweiß, im Alter rosa oder ockerfarben überhaucht; jung halbkugelig, dann gewölbt bis flach; Oberfläche fein geschuppt; bis zu 10 Zentimeter breit

Hutunterseite Lamellen; jung graurosa, dann braunrot bis fast schwarz; eng stehend

Sporenfarbe purpurbraun

Stiel weiß; zylindrisch; schlank bis dick; Basis manchmal gelbfleckig; mit dünnem Ring, nach oben abziehbar

Guter Speisepilz

Fleisch weiß; im Schnitt zart rötlich

Geruch / Geschmack angenehm

Vorkommen Mai bis Juni, August bis Oktober; auf wenig gedüngten Wiesen und Weiden, gern auf Pferdekoppeln; besonders nach trockenen Sommern

Sonstiges können auf mit Klärschlamm gedüngten Wiesen stark mit Schwermetallen belastet sein

Verwechslungen Karbolegerling (Seite 77), giftige Knollenblätterpilze (Seite 50ff.), auf die Färbung der Lamellen achten!

Wert guter Speisepilz

Spitzschuppiger Schirmling *(Lepiota aspera)*

Sonstiger Name Rauer Schirmling
Hutoberseite hellbraun; mit abwischbaren Schuppen; jung halbkugelig, später gewölbt; bis zu 15 Zentimeter breit
Hutunterseite Lamellen; frei; gedrängt; rein weiß (nicht gefärbt wie bei den essbaren Champignons)
Sporenfarbe weiß
Stiel schlank; zylindrisch; Basis knollig verdickt; Ring weiß mit braunflockigem Rand; nicht verschiebbar (wie beim Wiesenchampignon)
Fleisch weiß, zum Teil leicht gilbend

Ungenießbar bis leicht giftig

Geruch / Geschmack säuerlich / sehr unangenehm
Vorkommen August bis Oktober; nicht überall besonders häufig; in Wald, Park und Garten, auf Kompost; Saprophyt
Sonstiges weitere kleine Schirmlinge mit unverschiebbarem Ring sind giftig

Verwechslungen Waldchampignon (Agaricus silvaticus), Parasolpilz (Seite 56), Safranschirmling (Seite 57); auf die Lamellenfärbung, spitzkegelige Hutschuppen und den nicht verschiebbaren Ring achten!
Wert ungenießbar bis leicht giftig

Schopftintling *(Coprinus comatus)*

Sonstige Namen Spargelpilz, Porzellantintling
Hutoberseite weiß; schuppig aufreißend; Scheitel bräunlich; jung walzen-, später kegelförmig; alt vom Rand her erst rosa, dann schwarz werdend; Hut löst sich tropfend zu schwarzer Tinte auf; Höhe bis zu 12 Zentimeter

Hutunterseite Lamellen; nicht sichtbar; jung weiß, dann rosa, später schwarz, flüssig werdend; jung Stiel und Hutrand durch Velum verbunden
Sporenfarbe schwarz
Stiel weiß; lang; schlank; alt hohl; zerbrechlich; Basis tief in der Erde sitzend, keulig verdickt; Ring flüchtig, oft am Hutrand verbleibend
Fleisch jung weiß, alt zu schwarzer Tinte zerfließend

Guter Speisepilz

Geruch / Geschmack angenehm
Vorkommen August bis Oktober; auf gedüngtem Boden; gesellig an Wegrändern, auf Kompost, Fettwiesen; Saprophyt
Sonstiges nur sammeln, wenn noch ganz weiß, sonst zerfließen sie auf dem Heimweg zu schwarzer Tinte; sofort zubereiten; bestehender Verdacht auf Unverträglichkeit mit Alkohol
Verwechslungen Faltentintling (Seite 81)
Wert essbar; wenn jung, ein ausgezeichneter Speisepilz

Faltentintling *(Coprinus atramentarius)*

Sonstiger Name Grauer Tintling

Hutoberseite grau bis braungrau; kahl; längsfaltig; jung eiförmig, später glockenförmig; Scheitel mit braunen kleinen Schuppen (der Rest des Huts ist hingegen ohne Schuppen); alt vom Rand her zu schwarzer Tinte zerfließend; Höhe bis zu 10 Zentimeter

Hutunterseite Lamellen; jung weißlich grau, alt vom Hutrand her schwarz werdend und dann als schwarze Tinte abtropfend

Sporenfarbe schwarz

Stiel weißlich grau; glatt; schlank; hohl

Fleisch jung weißlich, alt zu schwarzer Tinte zerfließend

Geruch / Geschmack schwach angenehm / mild

*Essbar;
in Verbindung mit
Alkohol
giftig*

Vorkommen Mai bis Oktober; büschelig; am Wegrand, auf Schutt, auf Wiesen, auf Baumstümpfen

Sonstiges unverträglich mit Alkohol (eventuell auch Kaffee); weitere Tintlingsarten, deren Kennzeichen die Auflösung der gesamten Fruchtkörper zu einer schwarzen tintenartigen Flüssigkeit zur Verbreitung der Sporen ist

Verwechslungen Schopftintling (Seite 80)

Wert jung essbar; Achtung: bis 2 Tage vor und nach dem Verzehr kein Alkoholgenuss erlaubt!

Stinkmorchel *(Phallus impudicus)*

Sonstige Namen keine

Fruchtkörper jung weißlich; in Form eines Pfirsichs; bis zu 5 Zentimeter Durchmesser, dann eiförmig und am Scheitel aufreißend

Hut glockenförmig; erst olivgrün, bald weiß mit Wabenmuster; Fruchtkörper bis zu 20 Zentimeter hoch

Sporenfarbe olivgrün

Stiel weiß; dick; porös; hohl; Basis in den Hüllresten wie in einer Scheide sitzend

Geruch / Geschmack aufdringlich aasartig / Hexenei rettichartig

Vorkommen Juni bis November; gesellig in Laub- und Nadelwald

Sonstiges Hexeneier, d. h. die Fruchtkörper der ganz jungen Stinkmorcheln, sind im Boden eingesenkt (meist im

Hexenei essbar, sonst ungenießbar

Nadelwald). Sie bestehen aus einer weißen äußeren Hüllschicht, einer Gallertschicht, einer weißen häutigen Schicht, der grünen Sporenmasse und dem weißem Stiel im Inneren des Hexeneis. Sporenmasse und Stiel sind jung essbar

Verwechslungen Tintenfischpilz (Seite 83), Hundsrute (ungenießbar. Hexeneier sind kleiner als die der Stinkmorcheln; äußere Hülle orange-bräunlich), Riesenbovist (Seite 86)

Wert nur als Hexenei essbar, sonst ungenießbar

Tintenfischpilz *(Clathrus archeri)*

Sonstige Namen keine

Fruchtkörper jung weißlich; in Form eines Pfirsichs (ähnlich dem Hexenei); bis zu 4 Zentimeter Durchmesser; dann eiför-

mig und am Scheitel aufreißend; ein bananenförmiger
rosa Körper schiebt sich em-
por; teilt sich in 4 bis 6 leuchtend rote tentakelähnliche
»Arme«; diese stehen erst
senkrecht, breiten sich dann
seitlich aus

Stiel fehlt; »Arme« entspringen direkt aus der scheiden-
artigen Hülle

Geruch / Geschmack aufdringlich aasartig

Vorkommen Juli bis Oktober; meist im grasigen Laub-

*Ungenieß-
bar*

wald, gern bei Eiche, aber
auch im Nadelwald

Sonstiges Die Hexeneier
von Stinkmorchel und Tin-
tenfischpilz sind nur zu
unterscheiden, wenn man sie
aufschneidet. Der Aufbau des
Hexeneis des Tintenfischpil-
zes ist wie bei der Stinkmor-

chel, aber anstelle des zentra-
len Stiels sind im Querschnitt
des Tintenfischpilz-Hexeneis
die rosa Armanlagen bereits
deutlich sichtbar angelegt

Verwechslungen Stink-
morchel (Seite 82), Riesenbovist (Seite 86)

Wert ungenießbar

Flaschenstäubling *(Lycoperdon perlatum)*

Sonstiger Name Flaschenbovist

Fruchtkörper jung weiß; mit kurzen abwischbaren Stacheln besetzt, die ein charakteristisches Wabenmuster hinterlassen; alt bräunlich; bei Reife am Scheitel öffnend; Kopfteil kugelig; Durchmesser bis zu 5 Zentimeter

Jung essbar

Sporenfarbe olivbraun

Stiel jung weiß; ohne Stacheln; alt bräunlich; kurz; Kopf und Stiel ineinander übergehend, zur Basis hin verjüngend

Fleisch jung weiß; fest; später gelblich; weich; im Kopfteil zu braunem Sporenstaub zerfallend; im Stiel zäh

Geruch / Geschmack jung angenehm / mild

Vorkommen Juli bis November; häufig; auf Erde; gesellig bis büschelig im Laub und Nadelwald; Saprophyt

Sonstiges essbar, solange das Fleisch fest ist; Stäublinge und Boviste gehören zur selben Familie; Stäublinge haben einen Stiel, Boviste nicht

Verwechslungen Birnenstäubling (Seite 85), Igelstäubling (ungenießbar, Stacheln lang), junge Wulstlinge (Seite 50f.)

Wert jung essbar, allerdings nicht jedem bekömmlich

Birnenstäubling *(Lycoperdon pyriforme)*

Sonstige Namen keine

Fruchtkörper jung cremeweiß-gelblich mit abwischbaren Körnchen (keine Stacheln wie der Flaschenstäubling), alt bräunlich; bei Reife am Scheitel öffnend; Form insgesamt umgekehrt birnenförmig; Kopfteil kugelig; Durchmesser bis zu 3 Zentimeter

Sporenfarbe olivbraun

Stiel jung cremeweiß-gelblich; ohne Körnchen; Kopf und Stiel ineinander übergehend, zur Basis verjüngend

Fleisch jung weiß; fest; später gelblich; weich; im Kopfteil zu braunem Sporenstaub zerfallend; im Stiel zäh

 Ungenießbar

Geruch / Geschmack unangenehm und leicht stechend nach Gas / mild

Vorkommen Juni bis November; büschelig auf Laub- und Nadelholz; sehr gern auf modrigen Strünken und morschem Holz wachsend; Saprophyt

Sonstiges oft als essbar beschrieben, aber höchst minderwertig; bei Sporenreife öffnet sich der Scheitel, und die Sporen können als Staubwolke entweichen

Verwechslungen Flaschenstäubling (Seite 84)

Wert ungenießbar

Riesenbovist *(Langermannia gigantea)*

Sonstige Namen keine

Fruchtkörper jung weiß; fein samtig; kugelig; ohne Stiel; mit dickem Myzelstrang in der Erde verankert; alt bräunlich ocker;

äußere Hülle feldrig aufreißend; Durchmesser bis zu 60 Zentimeter

Sporenfarbe olivbraun

Fleisch jung weiß; fest; später gelblich; weich; alt bräunlich ocker; porös; bei Wind oder Berührung entweichen Wolken von Sporenstaub

Geruch / Geschmack jung angenehm / mild

Jung essbar

Vorkommen August bis Oktober; meist in Gruppen von jungen und älteren Fruchtkörpern auf Wiesen, in Gärten, Gebüschen, an Wegrändern; Saprophyt

Sonstiges Die bröckelige Außenhülle sollte vor der Zubereitung entfernt werden; das Fleisch der Stäublinge und Boviste zerfällt bei Reife zu Sporenpulver (es wurde früher in Waldgebieten als Babypuder verwendet)

Verwechslungen Bleiweißer Zwergbovist (giftig, auch jung nicht rein weiß), andere Boviste

Wert jung essbar, solange Geschmack eher neutral ist

Dickschaliger Kartoffelbovist *(Scleroderma citrinum)*

Sonstiger Name Gemeiner Kartoffelbovist

Fruchtkörper gelblich bräunlich gefeldert; kugelig bis kartoffelförmig; mit dicker äußerer Schale; ohne Stiel; mit dickem Myzelstrang im Boden befestigt; bei Reife am Scheitel aufplatzend; Durchmesser bis zu 12 Zentimeter

Sporenfarbe purpurgrau bis schwarz

Fleisch jung graugrün, später grau, alt schwarz; erst fest; dann zu Wolken von Sporenstaub zerfallend

Geruch / Geschmack nach Tinte

 Giftig

Vorkommen Juli bis November; gern auf sauren Böden; im Laub- und Nadelwald; Saprophyt

Sonstiges Der Kartoffelbovist ist wegen seiner Kartoffelform ein leicht kenntlicher Pilz; typisch ist das schwarze Sporenpulver, das in Wolken freigesetzt wird; er ruft bei Genuss Übelkeit und Schwindel, bei Genuss größerer Mengen Ohnmachtsanfälle hervor

Verwechslungen Dünnschaliger Kartoffelbovist (giftig, äußere Schale dünn, gestielt), jung mit anderen Bovisten (äußere Hülle weiß)

Wert giftig

Zunderschwamm *(Fomes fomentarius)*

Sonstige Namen Zunderpilz, Feuerschwamm, Wundschwamm

Fruchtkörper konsolenförmig; Oberseite grau gezont; matt;

sehr hart; mehrjährig; bis zu 40 Zentimeter breit

Poren englöchrig; dunkel bis rotbraun; an den Mündungen weißlich

Sporen Sporenreife vom Frühjahr bis zum Frühsommer; der weiße Sporenstaub setzt sich auf den Fruchtkörpern und in deren Umgebung ab, die dann wie mit Mehl bestäubt aussieht

Fleisch gelbbraun; watteartig

Alter kann bis zu 30 Jahre alt werden; sichtbare Bänderung kommt durch die

Ungenieß-bar

Anlage neuer Röhrenschichten zustande (nicht wie bei bei Bäumen ein jährlicher Zuwachs, sondern es bilden sich bis zu 3 Fruchtschichten pro Jahr aus, was Altersbestimmungen erschwert); Zuwachszone anfangs hell gefärbt und immer breiter als die vorige Schicht, so dass die Breite nach unten zunimmt

Röhren senkrecht zur Erdoberfläche orientiert, weil sich der Fruchtkörper nach der Erdanziehungskraft richtet (Geotropismus)

Vorkommen an Laubhölzern, meist an abgestorbenen Buchenstämmen

Sonstiges Befällt gern alte Rotbuchen und bringt sie zum Absterben

Schmetterlingstramete *(Trametes versicolor)*

Sonstiger Name Schmetterlingsporling

Fruchtkörper wechselfarbig bunt, weiß, gelb, braun-grünlich bis schwärzlich in halbkreisförmigen Zeichnungen; Hüte tellerförmig; wachsen zum Teil dachziegelartig; Oberfläche mit vielen samtigen Zonen; bis zu 8 Zentimeter breit

Poren weiß, später gelblich; eng

Sporen cremefarben

Fleisch unter der Huthaut weiß; ledrig, aber biegsam

Geruch / Geschmack unbedeutend / neutral

Vorkommen ganzjährig; häufig; an toten Ästen und Strünken von Laubhölzern; Saprophyt

 Ungenießbar

Sonstiges Holz abbauende Pilzart; hatte früher auch den lateinischen Namen »Coriolus versicolor« und gehört zur Familie der Korkporlinge; sie ist an den bunten, seidig glänzenden Ringzeichnungen mit dem welligen Rand leicht zu erkennen; manchmal sind Teile der Oberfläche grün gefärbt, dann ist sie von Algen überzogen; sie verändert ihr Aussehen beim Trocknen kaum

Verwechslungen Behaarte Tramete (Trametes hirsuta; ist aber größer, die Oberfläche grob-haarig gezont)

Wert ungenießbar; nicht giftig; wird häufig in der Floristik verwendet, da sehr dekorativ

Speisemorchel *(Morchella esculenta; M. deliciosa)*

Sonstige Namen Maimorchel, Rundmorchel, Maurich

Hut hell ockergelb über honigfarben bis graubraun; länglich, stumpfkegelig, auch eiförmig oder rundlich; wabenähnlich,

doch unregelmäßig gekammert mit starken Vertiefungen; 6 bis 8 Zentimeter hoch; 3 bis 6 Zentimeter breit; mit dem Stiel verwachsen

Sporenfarbe gelb, ockerfarben

Stiel blass weiß oder ockerfarben; wellig gefurcht; zur Basis hin leicht verdickt; bis 9 Zentimeter lang, 4 Zentimeter dick; hohl wie auch der Hut

Fleisch weiß, wachsähnlich; brüchig.

Geruch / Geschmack angenehm würzig-mild

Sehr guter Speisepilz

Vorkommen März/April bis Juni; an Bach- und Flussauen, Parkanlagen, gern bei Eschen und Ulmen, oft im Gras versteckt; auf feuchten, humusreichen Böden

Sonstiges ist in Form und Farbe sehr variabel, daher werden unterschieden: die Dickfüßige Morchel (mit besonders dickem Fuß), die Spitzmorchel, die sich durch ihre spitzkegelige Hutform und die dunklere Farbe (kastanien- bis dunkel graubraun) unterscheidet, und die Rundmorchel, die einen kugeligen Hut hat

Verwechslungen Frühjahrslorchel (Seite 91)

Wert guter Speisepilz; eignet sich zum Trocknen

Frühjahrslorchel *(Gyromitra esculenta)*

Sonstige Namen Frühlorchel, Stockmorchel, Laurich

Hut rotbraun bis dunkelbraun; hirnartig, lappig gewunden (keine Kammerung wie bei der essbaren Speisemorchel!) mit Stiel verwachsen; bis zu 8 Zentimeter breit

Sporenfarbe weiß

Stiel weißgrau; stark verbogen, manchmal äußerst schlecht ausgebildet; längsfaltig; innen hohl

Fleisch wachsartig weiß; fest; brüchig

Geruch / Geschmack angenehm, fast geruchlos / mild

Vorkommen März/April bis Mai; vorwiegend in Kiefernwäldern, an moderigen Holzstrünken

 Sehr giftig

Sonstiges wurde früher nach Abkochen als essbar deklariert; enthält aber einen Giftstoff, der kochbeständig ist und der unter Umständen eine dem Knollenblätterpilz ähnliche Vergiftung bewirkt. Das in den Lorcheln enthaltene Gyromitrin verflüchtigt sich zwar nach längerer Zeit. Trotzdem sollte man auf den Verzehr getrockneter Lorcheln verzichten.

Verwechslungen Riesenlorchel (vorwiegend in Bergfichtenwäldern, kaum von der Frühjahrslorchel zu unterscheiden, möglicherweise ebenfalls giftig), Speisemorchel (Seite 90)

Wert sehr giftig, roh tödlich giftig

Krause Glucke *(Sparassis crispa)*

Sonstige Namen Fette Henne, Bärentatze, Judenbart

Fruchtkörper jung weißlich ocker; alt ocker-bräunlich; dem Aussehen eines Badeschwamms sehr ähnlich; aufgebaut wie

Blumenkohl, mit sich verzweigenden Ästen; Äste flach mit stumpfen Enden; Unterseite mit Fruchtschicht; Höhe bis zu 20 Zentimeter; Durchmesser bis zu 40 Zentimeter

Sporenfarbe weißlich

Stiel tief wurzelnd, sich über dem Boden verzweigend

Fleisch gelblich; etwas zäh

Geruch / Geschmack würzig / nussartig

Vorkommen August bis November; am Fuß alter Kiefern; andere Formen bei Tanne (S. brevipes) und Eiche; Wurzelparasit; Saprophyt

Essbar

Sonstiges Das Putzen der Krausen Glucke ist recht aufwändig, da zuerst kleine Tiere durch das Einweichen in einem Topf mit reichlich Salzwasser entfernt werden sollten; um Nadeln und Sand zu beseitigen, muss der Fruchtkörper anschließend zerlegt werden

Verwechslungen Blasse Koralle (Seite 93), andere Korallen (meist ungenießbar oder giftig; kleiner; Äste mit spitzen Enden), Breitblättrige Glucke (zäh; Äste breiter; kaum verbogen)

Wert essbar; getrocknet (nach dem Einweichen) wie frisch verwenden

Blasse Koralle *(Ramaria pallida)*

Sonstiger Name Bauchwehkoralle

Fruchtkörper blass gelblich ocker; jung Spitzen lila überhaucht, im Alter oft dunkler und braunfleckig; Korallenform (nicht wie die essbare Krause Glucke, die an einen Badeschwamm oder einen Blumenkohl erinnert);sehr zahlreiche Äste mit spitzen Enden entspringen alle einem einzigen Strunk; längs-runzelig; V-förmig sehr dicht verzweigt; Höhe bis zu 12 Zentimeter; Durchmesser bis zu 18 Zentimeter

Sporenfarbe blass gelblich

Stiel blass gelblich; Basis weißlich; kurz, sich in Äste aufteilend

Schwach giftig; stark gefährdet

Fleisch feucht; schmutzig weißlich; zerbrechlich

Geruch / Geschmack schwach seifig / bitter

Vorkommen August bis September; selten; Kalk liebend; im Laubwald bei Eiche und Buche (nicht bei Kiefern wie Krause Glucke), im Nadelwald bei Fichte; Saprophyt

Sonstiges ruft bei Verzehr starke Darmstörungen hervor

Verwechslungen Krause Glucke (Seite 92), Dreifarbige Koralle (Ramaria formosa), Abgestutzte Koralle (Ramaria obtusissima; genießbar), andere kleinere Korallen

Wert schwach giftig

Judasohr *(Auricularia auricula-judae)*
Sonstige Namen Wolkenohr, Muerr (Mu-Err), Chinesische Morchel, Augenschwamm
Fruchtkörper rotbraun bis schwärzlich; ohr- oder muschel-

förmig, lappig; außen fein-samtig, innen mit glänzender Fruchtschicht, von Leisten durchzogen; manchmal auch von hellgrauen Sporen be-stäubt; bis zu 10 Zentimeter breit
Stiel kurz
Fleisch gallertartig; bis zu 2 Millimeter dick, dunkel-braun bis schwarz
Geruch / Geschmack keiner

Essbar

Vorkommen vorwiegend von August bis März; gesel-lig; in der kalten Jahreszeit, auch nach Regenperioden; vor allem an abgestorbenen Holunderstämmen, auch an anderen entrindeten Laub-hölzern (Ahorn und Ulme)
Sonstiges eignet sich her-vorragend zum Trocknen; in China und Japan sehr beliebt; wird bei uns oft teuer als »Chinesische Morchel« ver-kauft, obwohl der Pilz nichts mit Morcheln gemeinsam hat; wird zur Stärkung der Gehirnfunktion und zur Blut-reinigung angewendet
Verwechslungen keine
Wert essbar

Herbsttrompete *(Craterellus cornucopioides)*

Sonstige Namen Totentrompete, Füllhorn, Schwarzrecherl
Fruchtkörper innen rußgrau, graubraun, schwarz bis schwarzbraun (daher auch Totentrompete genannt); außen aschgrau, blaugrau bis grauviolett; füllhornförmig mit tiefem Trichter; hohl; Rand nach außen wellig umgeschlagen, gekraust; Oberfläche feinflockig bis filzig; Außenseite von der glatten blaugrauen Fruchtschicht überzogen, die sich später längs runzelt

Sporenfarbe weiß
Fleisch graubraun bis schwärzlich; dünn; brüchig

Sehr guter Speisepilz

Geruch / Geschmack angenehm aromatisch / mild
Vorkommen August bis November; im Laubwald, gern bei Buchen; büschelig; gesellig und einzeln
Sonstiges ein Speisepilz, der getrocknet unübertrefflich im Aroma ist; getrocknet und zerbröselt oder als Pulver ist er die beste Würze für viele Gerichte
Verwechslungen Grauer Leistling (Cantharellus cinereus, kommt häufig in der Nähe der Herbsttrompete vor), der aber ebenfalls essbar ist
Wert ein sehr begehrter Speisepilz

Köstlichkeiten

mit Pilzen

Pilze in der Küche

Pilze bereichern unseren Speisezettel. Sie gehören zu den wenigen Köstlichkeiten, die wir in der Natur ernten können, ohne sie vorher gesät zu haben. Dabei steht dem Sammler eine breite Palette essbarer Pilze zur Verfügung, die für jeden Geschmack etwas bietet.

Vielfältige Zubereitungsarten

Pilze schmecken gebraten, geschmort, gedünstet oder gegrillt besser als gekocht. Die durchschnittliche Garzeit beträgt 10 bis 15 Minuten, wobei diese Angabe auch von der Menge der in der Pfanne befindlichen Pilze abhängt. Danach werden Pilze nicht besser, sondern nur schwerer verträglich. Brät man ganze Pilzköpfe in Teig, muss man eine entsprechend längere Bratzeit einkalkulieren, um sicher zu sein, dass die Pilze gegart sind.

Pilze reinigen

Bevor man Pilze in den Kochtopf oder in die Pfanne gibt, müssen sie gut gereinigt werden. Sie sollten jedoch möglichst nicht gewaschen werden, da sie dabei viel Wasser aufnehmen und an Geschmack verlieren können. Mit Zuchtpilzen ist das kein Problem. Aber die selbst gesammelten Pilze sollte man gründlich putzen, da man nicht weiß, von welchen Tieren sie bereits begutachtet wurden.

Außerdem horten z. B. Morcheln oder die Krause Glucke viel Sand in ihren Vertiefungen. Haben manche Sorten sehr viel Wasser aufgesogen, kann man sie wie einen Schwamm ausdrücken. Ihre Qualität leidet nicht darunter. Manchen Pilzen wird sowieso die Huthaut abgezogen.

Inhaltsstoffe – kaum Fett und viel Eiweiß

Frische Pilze sind kalorienarm. Sie enthalten relativ viel pflanzliches Eiweiß, kaum Fett und Kohlenhydrate. Zugleich wirken Pilze wegen ihres angenehmen Aromas appetit- und verdauungsanregend. Weil sie teilweise große Mengen Chitin enthalten (der Stoff, der Insektenpanzer härtet) sind Pilze meist schwer verdaulich. Mineralien und Vitamine sind bei den einzelnen Pilzarten in unterschiedlichen Mengen vorhanden. Kalium, Phosphor und Eisen kommen zum Teil reichlich vor, Natrium, Kalzium und Magnesium wenig oder gar nicht. Manche Pilzarten sind reich an Vitamin D und B-Vitaminen. Die Vitamine A und C kommen dagegen nur höchst selten vor.

Tipps für die richtige Zubereitung

Eines sei vorweg gesagt: Welchen Pilz man für einen ausgezeichneten, welchen »nur« für einen guten Speisepilz hält, bestimmen vor allen Dingen der eigene Geschmack und die Art und Weise der Zubereitung.

▶ Salz, Pfeffer, Zitrone und Knoblauch eignen sich sehr gut zum Würzen von Pilzgerichten.

▶ Für Saucen und Ragout bieten sich Brühe, Weißwein oder Rotwein, süße oder saure Sahne an.

▶ Eierspeisen, Rührei oder Omelett sind klassische Beilagen zu gebratenen Pilzen, aber auch Püree, Puffer oder Knödel (Klöße) sind beliebt.

▶ Gebratene Pilze oder Pilzsaucen schmecken gut zu Spätzle oder Makkaroni, aber auch zu Reis und frischem Baguette.

▶ Aus sehr fein gehackten Pilzen und verschiedenen Zutaten kann man einen Pilzteig oder ein Pilzpüree (oder die französischen Duxelles, siehe Seite 104) herstellen, das sich vielfach weiterverarbeiten lässt: als Füllung für Gemüse, als Pilzbratling, als Pilzklößchen für die Suppe oder einfach als Aufstrich auf geröstetem Brot.

▶ Für alle Speisen eignen sich natürlich auch getrocknete Pilze, die man vor der Verarbeitung mindestens eine halbe Stunde in heißem Wasser einweichen muss. Manche Pilze gewinnen durch den Trocknungsvorgang an Geschmack und Aroma. Das gilt z. B. für Morcheln, Steinpilze und Herbsttrompeten.

▶ Hallimasch oder Nebelkappe gelten oft als minderwertig, was vor allem auf die individuelle (Un-)Verträglichkeit zurückgeführt werden kann. Ob Maipilz, Hexenei oder Anistrichterling als delikat oder als eher eigenwillig im Geschmack empfunden wird, hängt von der eigenen Einstellung ab.

Spezielle Zubereitungsarten

Große, flache Pilzhüte wie bei Parasol, Maipilz, Nebelkappe, Reizker oder Brätling lassen sich hervorragend grillen oder panieren und braten. Tintlinge machen sich gut in der Suppe oder wie Spargel zubereitet.

Pilze im Salat

Roh darf nur der Champignon verwendet werden (auch Steinpilze besser nicht ungegart verzehren). Alle Pilze, die gekocht oder gekocht in Essig eingelegt wurden, dürfen natürlich kalt als Pilzsalat oder in gemischten Salaten verwendet werden. Empfehlenswert sind festfleischige Arten, die mindestens zehn Minuten im Ganzen gekocht und dann in Scheiben geschnitten werden. Leider sehen die meisten Pilze nach dem Vorkochen nicht mehr appetitlich aus. Das Verfärben kann durch etwas Zitronensaft oder Essig im Kochwasser verhindert werden.

Wie viele Pilze soll man verwenden?

▶ Die Menge und Mischung von Pilzen, die in Rezepten angegeben werden, lassen sich bei selbst gesammelten Pilzen nicht genau vorschreiben. Man sollte jedoch die angegebene Menge möglichst nicht überschreiten. Da die Pilze rasch verzehrt werden sollen, muss der eventuell verbleibende Rest konserviert werden.

▶ Pilzarten, die man noch nicht gegessen hat, sollte man zunächst möglichst sparsam gewürzt und in kleineren Portionen probieren, um dem besonderen Pilzgeschmack oder möglichen Unverträglichkeiten nachzuspüren. Zudem ist es ratsam, nur eine neue Art pro Mahlzeit zu versuchen.

Pilze als Heilmittel

Penizillin Die bekanntesten Pilze mit Heilwirkung sind die Schimmelpilze der Gattung Penicillium, aus denen das Penizillin gewonnen wird.

Mutterkorn Das früher Hungersnöte und Tod bringende Mutterkorn wird in der Pharmaindustrie für die Herstellung von Mutterkornalkaloiden verwendet, die in der Geburtshilfe, gegen Gefäßerkrankungen und Migräne eingesetzt werden. Da das Mutterkorn Wehen fördernd ist, benutzte man es in früheren Zeiten auch zur Abtreibung.

Shiitake Der in Asien seit vielen Jahrhunderten und inzwischen auch in Europa kultivierte Shiitakepilz fördert die Senkung des Cholesterinspiegels und soll auch zur Entgiftung des Körpers beitragen.

Violetter Rötelritterling Er gilt als blutdrucksenkend.

Pilze konservieren

Hallimasch und Stockschwämmchen findet man oft in großen Mengen, Nebelkappen und Anistrichterlinge wachsen in so genannten Hexenringen. Wenn die Bedingungen günstig sind, kann der Ertrag auch bei anderen Arten überreichlich ausfallen. Pilze, die man nicht sofort zubereiten, aber sammeln möchte, lassen sich auf verschiedene Art haltbar machen.

Pilze tiefgefrieren

Bis auf wenige Arten eignen sich alle Pilze zum Tiefgefrieren. Ausnahmen: Tintlinge, Rötlicher Gallerttrichter (Tremiscus helvelloides), Eispilz (Pseudohydnum gelatinosum), Riesenbovist. Exemplare, die man einfrieren will, müssen einwandfrei, jung, fest und madenfrei sein. Pfifferlinge und Trompetenpfifferlinge sollte man nicht einfrieren, sie werden zäh und bitter.
Die Pilze werden geputzt, gereinigt, wenn nötig gewaschen und vorsichtig trockengetupft. Dann können Sie sie im Ganzen oder in groben Stücken einfrieren. Das sollte möglichst noch am Sammeltag geschehen, damit die Pilze ganz frisch sind.

▶ Blanchiert man die Pilze, spart man Platz, muss aber Qualitätsverluste hinnehmen, da bei diesem Vorgang ein guter Teil des Aromas verloren geht.

▶ Geschmacklich am besten ist es, die Pilze geschmort und gewürzt tiefzufrieren.

▶ Tiefgefrorene Pilze können bis zu sechs Monate und länger aufbewahrt werden. Bei Gebrauch nicht auftauen, sondern gefroren in die Pfanne oder einen Topf geben.

▶ Aufgetaute Pilze dürfen, wie alle anderen Lebensmittel auch, nicht noch einmal tiefgefroren werden.

Pilze trocknen

Die älteste Methode, um Pilze haltbar zu machen, ist das Trocknen. Dazu sind hervorragend Steinpilze, Rotfüßchen, Stockschwämmchen, Herbsttrompeten, Morcheln, Morchelbecherlinge, Trompetenpfifferlinge oder Gelbe Kraterellen geeignet. Bei Steinpilzen, Morcheln und Herbsttrompeten bewirkt der Trockenvorgang eine Steigerung des Aromas.

Generell gut geeignet alle essbaren Röhrlinge, Trichterlinge, Ritterlinge, Schirmlinge, Champignons und Hallimasch

Völlig ungeeignet Täublinge, Boviste, Milchlinge, Tintlinge, Pfifferlinge, Mairitterling und Märzschneckling (auch andere weichfleischige Arten)

Tipps fürs Trocknen

▶ Zum Trocknen werden die Pilze zunächst geputzt und gereinigt. Sie dürfen nicht gewaschen werden, da sich gewässerte Pilze (auch durch Regen) nicht mehr trocknen lassen.

▶ Die kleinen Pilzhüte der Stockschwämmchen oder des Graublättrigen Schwefelkopfs legt man im Ganzen zum Trocknen aus, größere Pilze werden der Länge nach in etwa drei Millimeter dicke Scheiben geschnitten, auf Pergament- oder Packpapier ausgelegt und an einem warmen und luftigen Ort getrocknet. Kleine Mengen lassen sich sehr gut auf der Heizung trocknen.

▶ Für größere Mengen eignet sich auch der Backofen. Nur darf die Temperatur 60 °C nie übersteigen, und die Backofentür muss dabei geöffnet bleiben, damit genügend Luft an die Pilze kommt; Luft ist schließlich das Wichtigste beim Trocknungsvorgang. Wenn die Pilze schwitzen, verderben sie.

▶ Man kann die Pilzscheiben aber auch auf eine Schnur fädeln und an einem warmen, luftigen Ort am besten frei schwebend aufhängen. Die Pilze müssen sich, wenn sie trocken sind, wie Papier anfühlen oder so hart werden, bis sie splittern und leise krachen, wenn man sie bricht.

▶ Vor der Verwendung müssen sie allerdings mindestens eine halbe Stunde in heißem Wasser eingeweicht werden, in kaltem Wasser bis zu zwei Stunden.

Pilzextrakt selbst herstellen

Nach Regentagen gesammelte Pilze sind oft wässrig. In diesem Fall, oder wenn sich Ihre Pilze nicht zum Tieffrieren oder Trocknen eignen, können Sie Pilzextrakt zubereiten, der eine hervorragende Würze für Gerichte aller Art ist.

Zubereitung Die geputzten, gewaschenen und grob zerkleinerten Pilze ohne Wasser bei mittlerer Temperatur zum Kochen aufsetzen.. Anschließend 20 Minuten lang ziehen lassen. Danach die Pilze in ein Tuch gießen und gut ausdrücken. Den aufgefangenen Saft sirupdick einkochen lassen und gut mit Salz abschmecken. In einem Schraubdeckelglas hält sich dieser Extrakt jahrelang.

Duxelles – als Füllungen und Brotaufstrich

Die Duxelles entstammen der französischen Küche und werden normalerweise mit Champignons hergestellt. Sie lassen sich aber auch aus anderen Pilzarten und weiteren Zutaten (beispielsweise Tomatenmark, Sahne und Petersilie) herstellen und eignen sich als Aufstrich für Brot und als Füllung für Fisch und Gemüse.

Zutaten (Grundrezept) 300 Gramm Champignons • 2 kleine Schalotten (100 Gramm) • 50 Gramm Butter • Salz • frisch gemahlener Pfeffer

Zubereitung Champignons und Schalotten äußerst fein hacken. Die Schalotten in der Butter glasig dünsten. Die Champignons hinzufügen und alles weiter dünsten, bis keine Flüssigkeit mehr vorhanden ist. Mit Salz und Pfeffer kräftig abschmecken.

Pilze in Essig einlegen (Grundrezept)

Zutaten 1 Kilogramm kleine, feste Pilze (wahlweise auch klein geschnittene Pilze, Mischpilze oder Pilze einer Art) • 5 EL Salz 1/4 Liter Essig (Weißwein-, Kräuter- oder Rotweinessig) • etwas Olivenöl

Zubereitung Pilze in Salzwasser 5 Minuten lang kochen, Kochwasser abgießen oder einen Teil des Suds aufheben für die Essig-Pilz-Mischung. 1 1/2 Liter Wasser mit dem Essig aufkochen und über die in Gläser gefüllten Pilze gießen. Nach dem Erkalten mit einer Schicht Öl abdecken. Die Pilze müssen mindestens 14 Tage lang durchziehen.

Varianten

Das oben genannte Grundrezept für eingelegte Pilze lässt sich vielfach variieren. Hier zwei einfache, aber äußerst schmackhafte Varianten.

▶ Für eine süßsaure Marinade nehmen Sie Kräuteressig, 100 Gramm Zucker, Gewürznelken und 1 kleine Zwiebel.

▶ Für einen Kräutersud verwenden Sie Weißweinessig und je 1 Teil Rosmarin, Bohnenkraut, Basilikum und Estragon; dazu noch 2 Lorbeerblätter, 50 Gramm Zucker und 1 kleine Zwiebel.

Die besten Pilzrezepte

Von Pfifferling bis Riesenporling, von Steinpilz bis Austernpilz, von Hexenröhrling bis Hallimasch – Pilzgerichte versprechen einen besonderen kulinarischen Genuss. Dabei ist es egal, ob man sie als würzige Beilage oder als Hauptgericht zubereitet.

In der Zubereitung von Pilzmahlzeiten spielt es praktisch keine große Rolle, ob es sich um wild gewachsene oder um gezüchtete Pilze handelt. Hauptsache ist, Sie kennen die besondere Eigenart und Konsistenz der Pilzart und wissen, wie Sie ihr unverwechselbares Aroma besonders unterstützen können. Deshalb ist es in vielen Fällen ratsam, auf intensiv schmeckende Gewürze zu verzichten. Richtig zubereitet sind selbst gesammelte frische und tadellos erhaltene Pilze Delikatessen, die aus einem einfachen Gericht ein Festmahl machen. Als Naturprodukte können Pilze eine sinnvolle Ergänzung einer gesundheitsbewussten Ernährung sein. Vorausgesetzt, man weiß 100-prozentig, dass es sich um essbare Pilze handelt. Und: Man sollte sie lediglich ein- bis zweimal in der Woche auf den Speiseplan setzen.

Achtung: Wegen ihres hohen Chitingehalts sind Pilze relativ schwer verdaulich, weshalb die einzelnen Pilzmahlzeiten nicht allzu üppig ausfallen sollten.

Geschnetzelter Riesenporling

Die zarten jungen Teile des Riesenporlings erinnern in Konsistenz und Geschmack an Kalbfleisch. Der Riesenporling beginnt schon während des Heimwegs, sich schwarz und unappetitlich zu verfärben. Er schwärzt auch Finger und -nägel stark ein, schmeckt aber so gut, dass man ihn unbedingt probieren sollte.

Zutaten (für 4 Portionen) ca. 800 g Riesenporlinge • 1 Zwiebel 50 g Butter • 30 g Mehl • 1/8 l Weißwein • 1/8 l süße Sahne Salz • frisch gemahlener Pfeffer • Petersilie

Zubereitung Riesenporlinge putzen, gründlich unter fließendem Wasser waschen und auf Küchenpapier einige Minuten abtropfen lassen. In kleine Stückchen schneiden und diese in Wasser kurz aufkochen. Wasser abgießen, Pilze gut abtropfen lassen. Zwiebel abziehen, klein würfeln und mit den Pilzen in einer Pfanne in heißer Butter anbraten. Mehl darüber stäuben, Wein und Sahne nachgießen. 10 Minuten lang garen. Mit Salz, Pfeffer und Petersilie abschmecken. Dazu passen Spätzle.

Riesenporling aux Croûtons

Zutaten (für 4 Portionen) 800 g Riesenporlinge • 4 Scheiben Toastbrot • 1 EL Butter • 2 EL Öl • 2 Zwiebeln • 1 TL Salz • frisch gemahlener Pfeffer

Zubereitung Riesenporlinge putzen, waschen und auf Küchenpapier abtropfen lassen. Fein aufschneiden und in Wasser kurz aufkochen. Pilze abtropfen lassen. Toastbrot fein würfeln und in der Butter braten. Zwiebeln abziehen und fein würfeln. Öl erhitzen, die Zwiebeln darin glasig werden lassen. Pilze dazugeben und bei hoher Temperatur etwa 10 Minuten lang unter Rühren schmoren, bis der Saft verdampft ist. Das Pilzragout mit Salz und Pfeffer abschmecken. Bei Tisch mit den Croûtons bestreuen und einen grünen Salat dazu reichen.

Steinpilzrisotto

Bei Steinpilzen reicht es, Schmutz abzubürsten und Wurmlöcher oder Schneckenfraß sparsam auszuschneiden. Anschließend brauchen sie nur noch ganz kurz gewaschen zu werden.

Zutaten (für 4 Portionen) 300–400 g frische oder 30 g getrocknete Steinpilze • 1 Knoblauchzehe • 2 EL Olivenöl • 1 Zwiebel • 500 g Rundkornreis • Butter • ca. 1 l Brühe (bei Bedarf mehr) • Salz • geriebener Parmesankäse • gerebelter Salbei

Zubereitung Getrocknete Pilze in heißem Wasser 30 Minuten lang einweichen, auspressen und in Stücke schneiden. Frische Pilze putzen, kurz waschen und anschließend in dünne Scheiben schneiden. Knoblauch abziehen und mit den Pilzen zusammen in Öl gar dünsten. Zwiebel abziehen, klein hacken und mit dem Rundkornreis in Butter glasig werden lassen. Unter ständigem Rühren die heiße Brühe nach und nach angießen. Anschließend 30 Minuten lang leicht kochen lassen, dabei ab und zu umrühren. Kurz bevor der Reis ganz gar ist, die warmen Pilze darunter mischen. Mit Butter und Salz, Parmesan und Salbei kräftig abschmecken.

Spaghetti mit Flockenstieligen Hexenröhrlingen

Zutaten (für 4 Portionen) 250 g frische Hexenröhrlinge 1 kleine Dose geschälte Tomaten • 1 kleine Zwiebel • 1 Knoblauchzehe • Olivenöl • 500 g Vollkornspaghetti • Butter 80 g geriebener Parmesan • Salz • frisch gemahlener Pfeffer

Zubereitung Hexenröhrlinge putzen, waschen, trockentupfen und klein schneiden. Zwiebel und Knoblauch abziehen, klein hacken und mit den Tomaten in Öl glasig andünsten. Pilze zufügen und dünsten, bis sie gar sind; das dauert noch etwa 10 bis 15 Minuten. Mit Salz und Pfeffer würzen. Die Spaghetti so lange kochen, bis sie bissfest (al dente) sind. Die Butter in einer Pfanne zergehen lassen und die gegarten Spaghetti in der Pfanne mit dem Parmesan schnell vermischen. Mit der Pilzsauce übergießen und sofort servieren.

Pfifferlingsquiche

Zutaten (für 4 Portionen) 800–1000 g Pfifferlinge • 1 Päckchen tiefgekühlter Blätterteig • 1 Zwiebel • 1 EL Butter • 2 EL gehackte Petersilie • etwas Thymian • 1 Becher süße Sahne 3 Eigelbe • Muskatnuss • Salz • frisch gemahlener Pfeffer 100 g Emmentaler

Zubereitung Zuerst den Backofen auf 200 °C vorheizen. Die Pfifferlinge putzen, waschen und trockentupfen. Den Blätterteig in einer Springform 10 Minuten vorbacken. Die Zwiebel abziehen und fein hacken. In einer Pfanne in heißer Butter die Zwiebel glasig werden lassen, die Pfifferlinge zufügen und alles etwa 10 Minuten dünsten. Petersilie und Thymian darunter mischen und diese Masse auf dem vorgebackenen Blätterteig verteilen. Sahne und Eigelbe verrühren, mit Salz, Pfeffer und Muskatnuss würzen und über die Pilze gießen. Den Emmentaler in kleine Stückchen schneiden und damit die Quiche belegen. Im Backofen bei 200 °C 20 bis 25 Minuten lang backen.

Gedünstete Pfifferlinge

Zutaten (für 4 Portionen) 800 g Pfifferlinge • 1 Zwiebel 1 EL Butter • Salz • Pfeffer • 1/8 l Rotwein • 1 EL Mehl • 2 EL saure Sahne

Zubereitung Pfifferlinge putzen, waschen, trockentupfen und zerkleinern. Die Zwiebel abziehen und fein hacken. In einer Pfanne die Butter erhitzen, die Zwiebeln darin glasig werden lassen und die Pfifferlinge beifügen. Mit Salz und Pfeffer würzen und den Rotwein dazugeben. Alles etwa 10 Minuten lang dünsten. Das Mehl mit der Sahne anrühren, den Pilzen zufügen und nochmals aufkochen lassen. Dazu schmecken Semmelknödel oder Kartoffelkroketten und grüner Salat.

▶ **Variante** Versuchen Sie doch einmal Pfifferlinge mit Rührei. Die Zutaten sind die gleichen wie bei dem oben stehenden Rezept, nur ohne Rotwein, Mehl und saure Sahne. Dafür kommen 1 Tasse süße Sahne und fein gehackte Petersilie dazu. Dünsten Sie die Pfifferlinge wie oben beschrieben, verfeinern Sie sie mit Sahne, und bestreuen Sie sie mit der Petersilie. Anschließend bereiten Sie das Rührei, in Butter gebraten, zu. Auf einer Platte werden Pilze und Rührei nebeneinander angerichtet. Dazu können Sie frisches Baguette oder frisch getoastetes Weißbrot servieren.

Eierpfannkuchen mit Perlpilzen
Zutaten (für 4 Pfannkuchen) 600 – 800 g Perlpilze • 150 g Weizenvollkornmehl • 1/4 l Milch • 2 Eier • Salz • Butter zum Ausbacken

Zubereitung Pilze putzen, Hut abziehen, waschen, trockentupfen und zerkleinern. In siedendem Wasser etwa 7 Minuten abkochen. Wasser abgießen. Aus Mehl, Milch, Eiern und Salz einen Pfannkuchenteig rühren. In der Pfanne Butter aufschäumen lassen. 1/4 der Perlpilze darin 10 Minuten lang braten und mit 1/4 des Pfannkuchenteigs begießen. Wenn der Rand leicht bräunt, wenden und goldbraun backen. So noch 3 weitere Pfannkuchen herstellen.

Hallimaschgulasch
Zutaten (für 4 Portionen) 1 kg frische Hallimasch • je 1 grüne und rote Paprikaschote • 3 Zwiebeln • 3 mittelgroße Tomaten Margarine zum Anbraten • 3 TL Paprikapulver, edelsüß • Salz frisch gemahlener Pfeffer • Thymian • 1 Becher saure Sahne 1 Becher süße Sahne • 1 TL Speisestärke

Einfach köstlich! Der Klassiker unter den Pilzgerichten ist sicherlich das Pilzomelett. Es lässt sich beliebig variieren – je nach dem, wie Ihr Sammelglück ausgefallen ist.

Zubereitung Pilze putzen, in große Stücke schneiden, blanchieren und abtropfen lassen. Paprika waschen, putzen, Zwiebeln abziehen und beides klein würfeln. Tomaten einschneiden, überbrühen und abziehen. Zwiebeln und Paprika anbraten, Pilze zufügen und kurz dünsten. Gewürze und Sahne zugeben. Nach etwa 10 Minuten die Speisestärke mit etwas kaltem Wasser anrühren und beifügen. Noch weitere 5 Minuten unter Rühren garen.

Gegrillte Maipilzhüte
Zutaten (für 4 Portionen) 4 Maipilzhüte • Zitronensaft zum Bestreichen • 2 Knoblauchzehen • Öl zum Marinieren • Salz frisch gemahlener Pfeffer • 2 EL frisch gehackte Petersilie etwas Butter

Zubereitung Pilze putzen, waschen, trockentupfen, Stiele abschneiden. Hüte mit Zitronensaft bestreichen. Knoblauch abziehen, 1 Zehe in eine Schüssel pressen und mit Öl, Salz und Pfeffer zu einer Marinade mischen. Pilze darin 20, maximal 25 Minuten lang marinieren, dabei öfter wenden. Pilze auf den heißen Grillrost legen, bei niedriger Temperatur langsam grillen. Petersilie und Knoblauch fein hacken, mit weicher Butter zu einer Paste vermischen. Auf die heißen Pilzhüte streichen.

Pilzpastetchen

Zutaten (für 4 Portionen) 400 g Violette Rötelritterlinge (oder Maipilze) • 1 kleine Zwiebel • etwas Butter zum Braten • 4 fertige Blätterteigpasteten • 1 Becher süße Sahne • Salz • frisch gemahlener Pfeffer • Curry

Zubereitung Pilze putzen, waschen, trockentupfen und klein schneiden. Zwiebel abziehen und fein hacken. Butter in einer Pfanne aufschäumen lassen, Zwiebel darin glasig andünsten, Pilze zufügen und einige Minuten braten. Mit Salz und Pfeffer würzen, mit Sahne aufgießen und mit Curry abschmecken. Sahne einkochen lassen, bis die Mischung dicklich geworden ist. Ab und zu rühren. Blätterteigpasteten nach Vorschrift aufbacken und mit dem Pilzragout füllen.

Hinweis Der Violette Rötelritterling hat einen eigenwilligen, süßlichen Geschmack. Falls Sie das nicht mögen, kochen Sie die Pilze ab, um den Geschmack abzumildern.

Austernpilz-Kartoffel-Gratin

Zutaten (für 3 Portionen) 500 g Kartoffeln • 300 g Austernseitlinge • 300 g Zucchini • Öl • Salz • Pfeffer • 100 g geriebener Emmentaler • 200 g süße Sahne • 2 Eigelbe • Muskat

Zubereitung Kartoffeln waschen, schälen, in dünne Scheiben schneiden und 2 Minuten in sprudelnd kochendes Wasser geben. Pilze putzen, waschen und zerkleinern; Zucchini waschen, putzen und in dünne Scheiben schneiden. Austernpilze 10 Minuten lang in wenig Öl braten, nach 5 Minuten die Zucchinischeiben zugeben, mit Salz und Pfeffer würzen. Den Backofen auf 175 °C vorheizen. In eine gefettete Auflaufform dachziegelartig die Hälfte der Kartoffelscheiben legen, mit der Austernpilz-Zucchini-Mischung bedecken, etwas Käse darüber streuen. Mit einer zweiten Schicht Kartoffelscheiben abschließen und mit dem restlichen Käse bestreuen. Sahne und Eigelbe verquirlen, mit Pfeffer und Muskat abschmecken und vorsichtig über die Gratinmischung gießen. Im Backofen bei 175 °C noch 50 bis 60 Minuten lang backen. (Abbildung siehe Seite 96f.)

Austernpilzterrine

Zutaten (für 4–6 Portionen) 700 g Austernseitlinge • 2 Knoblauchzehen • Butter • 2 Eier • 2 Scheiben Toastbrot • 1 Becher Crème fraîche • 3 EL gehackte gemischte Kräuter • Salz • frisch gemahlener Pfeffer

Zubereitung Pilze putzen, waschen, klein schneiden, salzen und pfeffern. Knoblauch abziehen, auspressen und den Saft über die Pilze geben. In einer Pfanne mit heißer Butter die Knoblauchpilze anbraten. Etwas abkühlen lassen. Den Backofen auf 170 °C vorheizen. Pilze, Eier, Toastbrot, Crème fraîche und die Kräuter in den Mixer geben und pürieren. Gut mit Salz und Pfeffer würzen. Die Masse in eine gefettete Terrinenform geben oder in eine Kastenform, die mit Alufolie abgedeckt wird. Die Pilzterrine ins Wasserbad stellen und 1 gute Stunde bei 170 °C im Backofen garen.

Wichtige Begriffe

Hutoberseite

Bereift durch nicht abwischbaren Filz weißlich scheinend

Buckel Hutmitte erhöht

Dachziegelig mehrere Hüte wie Dachziegel sich überlappend, die unteren oft von Sporenpulver der oberen Hüte bestäubt

Feldrig Entstehung von kleinen Feldern durch Längs- und Querrisse der Huthaut

Feinfilzig Oberfläche wie Wildleder

Flocken Reste der aufreißenden Hülle, die auf der Huthaut verbleiben und abwischbar sind

Gezont kreisförmig angeordnete unterschiedliche Farbtöne

Glatt ohne Strukturen

Hülle Teilhülle (Velum partiale); ist als Haut vom Hutrand zur Stielspitze gespannt; während des Wachstums breitet sich der Hut aus, die Teilhülle reißt, Reste davon bleiben am Hutrand hängen, vor allem aber als Ring im oberen Drittel um den Stiel herum, oder sie erscheinen als fasrige Ringzone am Stiel. Hängt der Hautrest am Stiel von oben nach unten, spricht man von Manschette. Ist sie gerieft, so hat sich die Form der Lamellen auf ihr abgedrückt. Die Teilhülle kann auch aus einer Schleimschicht bestehen, die als Schleimwulst um den Stiel sitzt.

Gesamthülle (Velum universale); ist als Haut von der Stielbasis über den Hut gespannt (eiähnlich) und reißt beim Wachstum auf; Hüllreste befinden sich auf dem Hut und an der Basis als Scheide, in verschiedenen Formen wie »gerandet«, »Kindersöckchen«, »Warzengürtel« u. a. Die Art, wie die Hüllreste an der Stielbasis angewachsen sind, stellt ein wichtiges Erkennungsmerkmal zur

Unterscheidung verschiedener Pilzarten dar.

Huthaut Schicht über dem Hutfleisch (für die Farbe des Huts verantwortlich)

Abziehbar vom Rand zur Mitte hin zu entfernen

Hygrophan Farbänderungen z. B. des Huts durch Wasseraufnahme oder -abgabe (Eintrocknen)

Nabel Vertiefung in der Hutmitte

Radial einreißend vom Rand zur Hutmitte hin sich aufspaltend

Radialfaserig mit faserigen Einlagerungen, die sich strahlenförmig von der Hutmitte zum Rand ziehen

Rand gerieft mit kammförmigen Rippen oder durchscheinenden Lamellen

Samtig Oberfläche wie Samt aussehend

Scheitel Hutmitte

Schuppig mit abstehenden, meist nicht abwischbaren Strukturen

Velum → Hülle

Hutunterseite

Fruchtschicht (Hymenium) Ort der Sporenbildung, bei Hutpilzen an der Hutunterseite, die je nach Gruppenzugehörigkeit der Art gestaltet ist

Lamellen Form der Fruchtschicht, papierdünne Blätter

Leisten Form der Fruchtschicht, dicke, kurze lamellenartige und oft gabelig verzweigte Leisten

Mündungen Öffnungen der Poren und Röhren

Poren harte, meist nicht ablösbare Fruchtschicht der Porlinge

Röhren schwammige, ablösbare röhrenförmige Fruchtschicht der Röhrlinge

Schleier spinnwebartiges Gebilde, das zum Schutz der jungen Lamellen bei manchen Arten vom Stiel zum Hutrand verläuft und später nur noch die so genannte Ringzone hinterlässt; entspricht dem Velum partiale (→ Hülle)

Stiel

Basis unteres Ende, das meist im Substrat verborgen ist

Aufgeblasen dicker als der übrige Stiel, meist hohl

Filzig durch abstehende kurze Myzelfäden filzig aussehend

Brüchig spaltet nicht auf wie Spargel oder Rhabarber, sondern es lassen sich Stücke herausbrechen; typisch für Täublinge und Milchlinge, wird aber auch bei starkem Madenbefall anderer Arten vorgetäuscht

Genattert schlangenhaut-ähnliches Zickzackmuster durch Streckung des Stiels

Knolle zwiebelförmige Erweiterung der Stielbasis

Längsfaserig aufspaltbar wie Spargel oder Rhabarber

Myzelstrang dickes wurzelartiges Gebilde, das Fruchtkörper und Substrat, z. B. Holz, verbindet

Netz netzartige Struktur auf der Oberfläche

Ring (Manschette) häutiges Gebilde mancher Pilzarten, das bei jungen Pilzen zum Schutz der Lamellen Stiel und Hutrand miteinander verbindet

Flüchtig Stiel jung mit Ring, der bei älteren Exemplaren häufig fehlt

Gerieft mit kammartigen Linien, beispielsweise beim Perlpilz

Ringzone der Bereich, in dem Ring oder Schleier am Stiel saßen, von denen aber nur noch Reste sichtbar sind, und das meist nur, weil sich Sporen darauf abgelagert haben

Scheide häutiger Rest der Schutzhülle an der Basis

Schuppen abstehende Strukturen, beispielsweise beim Birkenpilz

Spitze oberer Teil direkt unter dem Hut

Verschiebbar Ring nicht fest mit dem Stiel verwachsen, er lässt sich deshalb am Stiel verschieben

Über die Autorinnen

Gina Wolters studierte Biologie und ist heute freiberufliche Journalistin. Ihre Spezialgebiete sind Natur und Umwelt.

Birgit Stobbe ist Soziologin und Buchhändlerin. Sie ist eine passionierte Pilzesammlerin.

Hinweis

Das vorliegende Buch ist sorgfältig erarbeitet worden. Dennoch erfolgen alle Angaben ohne Gewähr. Weder Autorinnen noch Verlag können für eventuelle Nachteile oder Schäden, die aus den im Buch gemachten praktischen Hinweisen resultieren, eine Haftung übernehmen.

Literatur

Garnweidner, E.: Pilze. Gräfe und Unzer Verlag. München 1992

Flück, M.: Welcher Pilz ist das? Franckh-Kosmos Verlag. Stuttgart 1995

Wolters, G./Stobbe, B.: Pilze – das Praxisbuch. Ludwig Verlag. München 1997

Bildnachweis

Alle Bilder von Edmund Garnweidner (Fürstenfeldbruck), außer: Bilderberg, Hamburg: 1 (N.N.), 4/5 (Hans Madej); Botanik Bildarchiv Laux, Biberach a. d. Riss: 8, 18/19, 27, 111; Tony Stone, München: Titel (Steven Rothfeld); Wolters Gina, Hamburg: 68

Impressum

Der Südwest Verlag ist ein Unternehmen der Econ Ullstein List Verlag GmbH & Co. KG, München.

© 2002 Econ Ullstein List Verlag GmbH & Co. KG, München

Redaktionsleitung:
Dr. Christiane Lentz
Bildredaktion:
Sabine Kestler
Grafiken:
Beate Brömse, München
Produktion:
Manfred Metzger (Leitung), Annette Aatz, Monika Köhler,
Umschlag:
Jan-Dirk Hansen, München
Layout:
Dr. Alex Klubertanz

Druck und Bindung:
Druckerei Uhl, Radolfzell
Gedruckt auf chlor- und säurearmem Papier

ISBN 3-7787-5055-0

Pilzeregister

Sachregister

Rezepteregister

Bestimmungsbuch Wald- und Wiesenpflanzen
Broschur, 144 Seiten, durchgehend vierfarbig
W. Ludwig Buchverlag
ISBN 3-7787-5048-8